utb 5849

**Eine Arbeitsgemeinschaft der Verlage**

Brill | Schöningh – Fink · Paderborn
Brill | Vandenhoeck & Ruprecht · Göttingen – Böhlau · Wien · Köln
Verlag Barbara Budrich · Opladen · Toronto
facultas · Wien
Haupt Verlag · Bern
Verlag Julius Klinkhardt · Bad Heilbrunn
Mohr Siebeck · Tübingen
Narr Francke Attempto Verlag – expert verlag · Tübingen
Psychiatrie Verlag · Köln
Ernst Reinhardt Verlag · München
transcript Verlag · Bielefeld
Verlag Eugen Ulmer · Stuttgart
UVK Verlag · München
Waxmann · Münster · New York
wbv Publikation · Bielefeld
Wochenschau Verlag · Frankfurt am Main

**Prof. Dr. Patrizia Tolle** ist Diplom-Behindertenpädagogin und Krankenschwester. Sie lehrt an der Frankfurt University of Applied Sciences in den Studiengängen der Pflege und Sozialen Arbeit.

**Dr. Thorsten Stoy** leitet an der Frankfurt University of Applied Sciences den Studiengang Soziale Arbeit (B.Sc.) und beschäftigt sich mit der Entwicklung von Qualitätsstandards für die rechtliche Betreuung.

# Unterstützte Entscheidungsfindung in sozialen Berufen

*Patrizia Tolle und Thorsten Stoy*

Psychiatrie Verlag

Patrizia Tolle, Thorsten Stoy
Unterstützte Entscheidungsfindung in sozialen Berufen
1. Auflage 2023

**Bibliografische Information der Deutschen Nationalbibliothek**
Die Deutsche Nationalbibliothek verzeichnet diese Publikation
in der Deutschen Nationalbibliografie;
detaillierte bibliografische Daten sind im Internet über
http://dnb.d-nb.de abrufbar.

Lektorat: Uwe Britten, Eisenach
Umschlagkonzeption: Atelier Reichert, Stuttgart
Typografie und Satz: Iga Bielejec, Nierstein
Druck und Bindung: Plump Druck & Medien GmbH, Rheinbreitbach

**utb-Band 5849**
ISBN-Print: 978-3-8252-5849-8
ISBN-E-Book: 978-3-8385-5849-3

# »Da müssen wir erst mal Ihren Betreuer fragen!« – eine kurze Einleitung

*»Wissen ist dialektisch und kann nicht gelehrt, nicht verwaltet werden. Wissen kann nur im Dialog erarbeitet, muss in jedem Moment wieder in Frage gestellt und überprüft werden. Nur wenn ich gemeinsam mit anderen Menschen aufgrund meiner und ihrer Kenntnisse Wissen überprüfe, entsteht neues Wissen. Alles andere ist reine Machtausübung.«*

Franco Basaglia (zitiert nach Schmid 1981, S. 40)

»Da müssen wir erst mal Ihren Betreuer fragen!« ist eine Antwort, die Menschen mit einer Behinderung, die eventuell in einer besonderen Wohnform leben und eine rechtliche Betreuung haben, oft von anderen Fachkräften gehört haben dürften. Dazu zählen auch Verwaltungsfachkräfte, Fachkräfte, die in stationären oder komplementären Einrichtungen tätig sind, medizinische Fachkräfte oder Fachkräfte der Pflege. Vielleicht haben sie dies gehört, wenn sie laut überlegt haben, ob sie sich gegen Covid-19 impfen lassen sollten oder nicht. Vielen rechtlichen Betreuer*innen ist wahrscheinlich zeitgleich aufgefallen, dass ihr Telefon häufiger als sonst klingelt und am anderen Ende der Leitung eine Fachkraft um die zeitnahe Einwilligung zur Coronaimpfung für eine betreute Person bittet. Dies in der Annahme, dass rechtlich Betreuende hierzu in jedem Fall ihr »Okay« geben müssen. In unzählig vielen Beispielsituationen ist die Antwort »Da müssen wir erst mal Ihren Betreuer fragen!« gängige Praxis. Zum Beispiel bei Einwilligungen oder Ablehnungen von Heilbehandlungen, von Geldabhebungen vom Konto, von Umzugswünschen innerhalb einer besonderen Wohnform, von Antragstellungen, die von rechtlich betreuten Menschen bei Behörden selbstständig durchgeführt werden wollen, oder auch bei Ablehnungen von Angeboten im Rahmen der Eingliederungshilfe.

Die Bandbreite der Beispielsituationen ist unerschöpflich, so als gäbe es auch heute noch die Entmündigung volljähriger Menschen. Häufig ist jedoch auch

Unkenntnis von Fachkräften oder Angehörigen über die Reichweite des Betreuungsrechts und die Frage der damit in Zusammenhang stehenden Selbstbestimmungsrechte Grund für die Annahme, dass Menschen mit einer Behinderung oder psychiatrischen Diagnose rechtlich betrachtet nicht entscheidungsfähig sind. Unter Umständen führen aber auch fehlende Kenntnisse über Kern und Möglichkeiten der Unterstützung in der Entscheidungsfindung dazu, dass die Entscheidungsfähigkeit abgesprochen wird und eine andere Person entscheiden soll.

Diese geschilderten Erfahrungen, die entstehenden Fragen um die Entscheidungsfähigkeit und die Unterstützung in der Entscheidungsfindung bilden relevante Aspekte des Konzepts »Unterstützte Entscheidungsfindung« ab. Es gilt zu klären, wie es um die Entscheidungsfähigkeit steht. Häufig wünschen sich Menschen mit einer Behinderung oder psychiatrischen Diagnose nur Unterstützung im Prozess ihrer Entscheidungsfindung. Sie sind jedoch grundsätzlich entscheidungsfähig. Unter Umständen benötigen sie Unterstützung in ihrer Entscheidungsfindung, da Bedingungen die Entscheidungsfindung oder die Entscheidungsfähigkeit einschränken. Mit einer Unterstützung kann dann jedoch eine eigene Entscheidung getroffen werden. Es geht darum, dass Menschen mit Behinderungen ebenso über eigene Belange selbst entscheiden können wie Menschen ohne Behinderung. Bettina Melzer, derzeitige Sprecherin des Bundesverbandes der Berufsbetreuer*innen e. V., antwortet in einem Interview mit Carmen Fiedler im MDR am 15. Dezember 2021 auf die Frage, ob rechtliche Betreuer*innen einfach entscheiden können, wenn die von ihnen betreute Person gegen Covid-19 geimpft werden soll, mit »Nein«: »Der Wille des Betreuten steht im Mittelpunkt und der Betreuer ist diesem Willen verpflichtet.«

In der Praxis der rechtlichen Betreuung, aber auch in der Praxis von Einrichtungen der Eingliederungshilfe spiegelt sich dieses Handlungsprinzip noch nicht verlässlich wider. Auch heute noch erfahren Menschen mit Behinderungen, dass in Angelegenheiten, die sie betreffen, andere Personen in ihrem Namen entscheiden (CRPD 2018). Die ersetzende Entscheidung kann als Gegenpol zur Unterstützten Entscheidungsfindung gesehen werden.

Insbesondere im Vorfeld der Betreuungsrechtsreform 2023 wurde die Diskussion um die Unterstützte Entscheidungsfindung vermehrt in das fachliche Interesse gerückt. Von daher wird im ersten Kapitel des vorliegenden Buches zunächst darauf eingegangen, wie und unter welchen Rahmenbedingungen diese Diskussion verstärkt auf den Weg gekommen ist. Dabei wird außerdem auf das Unterstützungs- und Schutzprinzip eingegangen, das nicht nur für die rechtliche Betreuung, sondern auch für die Eingliederungshilfe relevant ist. Beide spielen auch im Kontext der Unterstützten Entscheidungsfindung eine Rolle, wie herausgearbeitet wird.

Wer zum Thema »Unterstützte Entscheidungsfindung« beispielsweise in der eigenen Universitätsbibliothek recherchiert, wird feststellen, dass die Anzahl der Publikationen dazu in den letzten Jahren gestiegen ist. Anne Arstein-Kerslake und Kolleg*innen (2016, S. 1) verweisen auf das Risiko, dass im Zuge des zunehmenden *methodischen* Interesses am Thema und der Fokussierung auf die Frage »Wie ist es zu machen?« der eigentliche Kern des Denkens und Handelns in den Hintergrund geraten kann. Dieser Kern bedeutet, dass behinderte Personen gleichberechtigt am gesellschaftlichen Leben teilhaben und entsprechend ihr Leben gestalten können. Eben dieser Kern kann durch eine Fokussierung auf methodische Fragen zur unterstützten Entscheidung bzw. deren Operationalisierung überschattet werden (ebd., S. 10).

Tatsächlich sind in vielen Diskussionen zu dem Thema zunächst Fragen leitend, mithilfe welcher Methoden Unterstützte Entscheidungsfindung in der Praxis am besten umgesetzt werden kann (Stoy & Tolle 2020). In der fachlichen Auseinandersetzung um geeignete Methoden wird jedoch deutlich, dass eine Befassung mit Methodischem grundlegend voraussetzt, eine konkrete *inhaltlich* substanzielle Vorstellung von Unterstützter Entscheidungsfindung zu haben – das wird abgebildet in der Frage: »Was ist warum Inhalt von Unterstützter Entscheidungsfindung?« Diese konkrete inhaltliche Vorstellung hat uns zum einen in der Diskussion gefehlt und ist unseres Erachtens die fachliche Voraussetzung für methodische Umsetzungsfragen. Zum anderen ist inhaltlich bereits an dieser Stelle von Bedeutung, dass der staatlich sicherzustellende Schutz vor Manipulation bzw. missbräuchlicher Einflussnahme – ausgehend von Artikel 12 (4) der UN-Behindertenrechtskonvention – in Form von Sicherungen zu gewährleisten ist. Somit kann eine einseitige Verortung der Sicherung vor missbräuchlicher Einflussnahme in der Entscheidungsfindung bzw. in der selbstständigen Ausübung der Rechts- und Handlungsfähigkeit von Menschen mit einer Behinderung nicht ausschließlich in der methodischen Umsetzung der Fachkraft liegen. Unseres Erachtens muss die erwähnte Sicherung vor missbräuchlicher Einflussnahme inhaltlich-konzeptionell verankert sein und erst anschließend *methodisch* in einer Dialogsituation individuell umgesetzt werden.

Mit einer konkreten Vorstellung, worüber genau geredet wird, wenn es um das Thema »Unterstützte Entscheidungsfindung« geht, wird eine Möglichkeit geschaffen, die Praxis der Unterstützten Entscheidungsfindung reflektieren zu können (ebd.). Diese Möglichkeit der Reflexion ist zum einen die Basis, um sich methodisch zu orientieren, zum anderen stellt die Reflexionsmöglichkeit eine konzeptionell verankerte und damit struktuelle Sicherung vor missbräuchlicher Einflussnahme dar.

Im Buch liegt unser Interesse darin, den Fragen nachzugehen, was unter Unterstützte Entscheidungsfindung aus betreuungsrechtlich relevanter und pädagogischer Sicht verstanden werden kann und wie sie in Handlungsfeldern der Praxis gegenüber »ersetzender« Entscheidung zum Ausdruck kommt.

Um uns diesen Fragen anzunähern, orientieren wir uns an der Methodologie der Rehistorisierung (Jantzen & Lanwer-Koppelin 1996; Jantzen 2005). Vom Beschreiben einer Erfahrung aus werden über die Entfaltung von Erklärungswissen Handlungsperspektiven entwickelt, die auf dem Verstehen anderer beruhen (Jantzen 2005, S. 17 f.). »Um Standpunkte und Perspektiven erschließen zu können, benötigt man theoretisches Wissen« (Jantzen 2012, S. 12). Wir haben theoretisches Wissen genutzt, um uns dem Thema »Unterstützte Entscheidungsfindung« zu nähern. Grundlegend dabei war das Theoriegerüst der Behindertenpädagogik als synthetische Humanwissenschaft (Jantzen 2019). Dieses kann als ein kohärentes Theoriegerüst bezeichnet werden (Steffens 2019). Von daher handelt es sich in diesem Band weniger um die Darstellung methodisch operationalisierter Verfahrensschritte, sondern vielmehr um Ermutigungen zur dialogischen Begegnung auf der Grundlage substanzieller Inhalte, die als Schlüssel zur Unterstützten Entscheidungsfindung begriffen werden können.

Leitend ist für uns in der Auseinandersetzung mit dem Prinzip rehistorisierender Diagnostik, einen Möglichkeitsraum zu erweitern und Abhängigkeitsstrukturen zu überwinden (Jantzen 2005, S. 32 f.). Dies wird zentral für die konkretere Bestimmung Unterstützter Entscheidungsfindung. In einer ersten Annäherung im zweiten Kapitel zielt Unterstützte Entscheidungsfindung darauf ab, den Möglichkeitsraum eines Menschen zu erweitern. Gleichzeitig hat Unterstützte Entscheidungsfindung die Funktion, isolierende Bedingungen abzubauen, weil diese das Selbstbestimmungsrecht und die Teilhabemöglichkeiten eines Menschen massiv begrenzen (Tolle & Stoy 2022). Dies scheint auf den ersten Blick ein sehr weiter Erklärungsbereich zu sein, der jedoch nicht an Erklärungskraft verliert, wenn berücksichtigt wird, dass Unterstützte Entscheidungsfindung im Kern bedeutet, dass behinderte Menschen gleichberechtigt am gesellschaftlichen Leben teilhaben und entsprechend ihr Leben gestalten können (Arstein-Kerslake u. a. 2016, S. 1).

Im Anschluss wird im dritten Kapitel auf die Betrachtung der Unterstützten Entscheidungsfindung im intersubjektiven Prozess eingegangen. Dabei spielen bei der Begleitung eines Menschen auf dem Weg vom Bedürfnis zum Zielmotiv (Selbst-)Reflexionsprozesse eine wichtige Rolle (Tolle & Stoy 2021). Die Reflexion der eigenen Haltung behinderten Menschen gegenüber kann von niemandem erzwungen werden; fehlt allerdings die Einsicht, dass ein kritisches Hinterfragen des eigenen Handelns notwendig ist, dann fehlt auch die Basis für ein dialogisches und konstruktives Miteinander (Spyridon-Georgios & Kessler-Kakoulidis 2020, S. 114). Ein dialogisches und konstruktives, solidarisches Miteinander ist jedoch Voraussetzung für die Unterstützung eines Menschen bei der Entscheidungsfindung.

Das vierte Kapitel nimmt insbesondere die Begriffe von Wunsch, Präferenz, Wille und Recht auf. Die theoretische Kenntnis über Inhalte und Abgrenzungen dieser Begriffe im Kontext einer Unterstützten Entscheidungsfindung sowie die Fähigkeit, Sachverhalte und Betreuungssituationen in Hinblick auf die Unterschiedlichkeit der Begriffe einordnen zu können, ist nach unserer Einschätzung zentral und unentbehrlich, um isolierende Bedingungen im Kontext der Selbstbestimmung und gleichberechtigten Teilhabe abbauen zu können. Nicht umsonst lassen sich viele praktische Entscheidungssituationen, in denen doch bitte eine betreuende Person für den anderen entscheiden soll, auf Unsicherheiten bezüglich der theoretischen Begriffsinhalte und der praktischen Einordnung von Entscheidungssituationen zurückführen.

Einige der Beispiele aus der Praxis, die wir beschreiben, kommen aus unseren eigenen beruflichen Erfahrungen. Andere verdanken wir Kolleg*innen, Sozialarbeiter*innen, Behindertenpädagog*innen, rechtlichen Betreuer*innen, Pflegefachkräften und Studierenden der Sozialen Arbeit und Pflege. Mit ihnen haben wir unser Vorhaben immer wieder diskutiert und sie haben uns ihre Erfahrungen zur Verfügung gestellt. Dafür danken wir ihnen!

Wir danken herzlich Dr. Doris Arnold, Daniela Richter, Ingeborg Ulrich, Leena Höhn und Cecilia Pitz für das kritische Gegenlesen der Kapitel und die Zeit, die sie sich trotz eigener enger Terminkalender dafür genommen haben. Danke!

# Ausgangspunkte zum Konzept »Unterstützte Entscheidungsfindung«

## Sozialpolitische Entwicklungen

*»Die Ausgeschlossenen sollten nicht einfach in das alte System eingeschlossen werden (was bedeuten würde, den Anderen in das Selbe einzufügen). Vielmehr sollten sie als Gleiche in einem neuen institutionellen Ansatz (der neuen politischen Ordnung) partizipieren. Dies ist nicht ein Kampf um Inklusion, sondern um Transformation.«*

*Enrique Dussel (2013, S. 112)*

Grundlage aller Bestrebungen zur Verbesserung der Selbstbestimmung von Menschen mit einer Behinderung bzw. mit einem Unterstützungs- und Assistenzbedarf ist Artikel 12 der UN-BRK: das Recht auf gleiche Anerkennung vor dem Recht (BGBl. 2008: S. 1419 f.). Das Recht ist zentral für alle Lebensbereiche von Menschen mit Behinderungen und ist Voraussetzung dafür, die Freiheiten der Menschenrechte gleichberechtigt mit anderen nutzen zu können (Monitoring-Stelle UN-Behindertenrechtskonvention 2015a). Die in Deutschland 2009 in Kraft getretene UN-BRK verbrieft das Selbstbestimmungsrecht von Menschen mit Behinderungen bzw. mit Unterstützungs- und Assistenzbedarf. Der *General Comment Nr. 1* des Fachausschusses der UN enthält darüber hinaus wichtige Hinweise für das Verständnis und die Auslegung des Artikels 12 UN-BRK. Er wendet sich gegen Systeme »ersetzender« Entscheidung (»substitude decision making«) und fordert, dass das Konzept des »supported decision making« in Deutschland Vorrang erhält (ebd.; siehe auch Brosey 2014, S. 211). Damit entsteht die Anforderung, dass die Unterstützung in der Entscheidungsfindung einen normativen Rahmen und eine fachliche inhaltliche Konzeptionierung zur theoretischen und praktischen Ausgestaltung erhält.

Das Bundesministerium der Justiz und für Verbraucherschutz (BMJV), aktuell das Bundesministerium der Justiz (BMJ), hat 2015 das Institut für Sozialforschung und Gesellschaftspolitik (ISG) in Kooperation mit Dagmar Brosey von der Technischen Hochschule in Köln damit beauftragt, ein empirisches Forschungsvorhaben zum Thema »Qualität in der rechtlichen Betreuung« durchzuführen. Zentrale Untersuchungsfragen waren, »welche Qualitätsstandards in der Praxis der rechtlichen Betreuung eingehalten werden, ob und welche strukturellen Qualitätsdefizite in der beruflichen und ehrenamtlichen Betreuung vorliegen und auf welche Ursachen mögliche Qualitätsdefizite zurückgeführt werden können« (BMJ 2022). Dazu erschien im April 2018 der Abschlussbericht zur Studie *Qualität in der rechtlichen Betreuung* des BMJV (Matta u. a. 2018).

*Umsetzung des Erforderlichkeitsgrundsatzes in der betreuungsrechtlichen Praxis im Hinblick auf vorgelagerte »andere Hilfen«* ist der Titel einer rechtstatsächlichen Untersuchung des IGES-Instituts, die ebenfalls im Auftrag des Bundesministeriums der Justiz und für Verbraucherschutz durchgeführt wurde. Dazu erschien der dreibändige Abschlussbericht im Oktober 2017 (Nolting u. a. 2017).

Ein übergeordnetes Ergebnis der zwei genannten Studien ist, dass »das Gebot größtmöglicher Selbstbestimmung von Menschen mit Behinderungen im Sinne von Artikel 12 des Übereinkommens der Vereinten Nationen vom 13. Dezember 2006 über die Rechte von Menschen mit Behinderungen (BGBl. 2008 II, S. 1419 f.; UN-Behindertenrechtskonvention, UN-BRK) im Vorfeld und innerhalb der rechtlichen Betreuung nicht durchgängig zufriedenstellend verwirklicht ist« (BMJ 2021, 2022). Daraus ergeben sich Fragen, wie Verbesserungen der Selbstbestimmungen realisiert werden können und welchen rechtlichen Rahmen bzw. welche rechtlichen Veränderungen dafür erforderlich sind?

Im Koalitionsvertrag der 19. Legislaturperiode der Parteien CDU, CSU und SPD heißt es dazu ab Zeile 6257: »Wir werden das Vormundschaftsrecht modernisieren und das Betreuungsrecht unter Berücksichtigung der Ergebnisse der jüngst durchgeführten Forschungsvorhaben in struktureller Hinsicht verbessern. Übergeordnete Ziele sind die Stärkung von Selbstbestimmung und Autonomie unterstützungsbedürftiger Menschen im Vorfeld und innerhalb der rechtlichen Betreuung« (Koalitionsvertrag, siehe CDU/CSU, SPD 2018). Katarina Barley, von März 2018 bis Juni 2019 Bundesjustizministerin, nahm sich dieses Vorhabens an und stieß im Bundesministerium der Justiz und für Verbraucherschutz ab 2018 den laufenden interdisziplinären Diskussionsprozess »Selbstbestimmung und Qualität im Betreuungsrecht« mit den zentralen Zielen an (Joecker 2019, o. S.):

- verbesserte Realisierung des Primats der Unterstützung anstelle von Fremdbestimmung und Bevormundung;

- innerhalb der rechtlichen Betreuung die Rahmenbedingungen so zu gestalten, dass die Autonomie der Betroffenen durch Unterstützung bei der eigenen Entscheidungsfindung und -umsetzung so weit wie möglich gewahrt und verwirklicht wird.

Mit diesen zentralen Zielen werden die Fragen nach dem Inhalt der Unterstützung in der Entscheidungsfindung als auch die methodische Umsetzung hervorgebracht. Es geht demnach um die Fragen, was Unterstützte Entscheidungsfindung ist und wie sie umgesetzt werden kann.

Ergebnisse rechtstatsächlicher Untersuchungen belegen, dass die Umsetzung größtmöglicher Selbstbestimmung von Menschen mit Behinderungen im Sinne von Artikel 12 der UN-BRK vor und innerhalb der rechtlichen Betreuung nicht durchgängig zufriedenstellend verwirklicht ist. Folge davon ist der interdisziplinäre Diskussionsprozess »Selbstbestimmung und Qualität im Betreuungsrecht« des BMJV, heute BMJ, um die Unterstützung anstelle von Fremdbestimmung und Bevormundung durch eine Betreuungsrechtsreform zu fördern. Dabei müssen die Rahmenbedingungen so gestaltet sein, dass innerhalb der rechtlichen Betreuung die Autonomie der Betroffenen durch Unterstützung bei der eigenen Entscheidungsfindung und -umsetzung gewahrt und verwirklicht wird.

# Änderungen relevanter Gesetze und Auswirkungen

Am 1. Januar 2023 ist das neue Betreuungsgesetz, das Gesetz zur Reform des Vormundschafts- und Betreuungsrechts, in Kraft getreten. Damit wurde das bisherige Betreuungsrecht umfassend reformiert, modernisiert und neu strukturiert. Insbesondere die Aufgaben und Pflichten der rechtlichen Betreuungspersonen und deren Verhältnis zu den betreuten Menschen wurden in ihrer Gesamtheit überarbeitet. »Qualitativ gute Betreuung wird fortan daran gemessen, ob sie aktiv und systematisch die Selbstbestimmungsrechte der Klient*innen im Prozess der Betreuung fördert« (Brakenhoff & Lütgens 2022, S. 16). Mit dieser Perspektive wird deutlich, dass die Förderung der Selbstbestimmungsrechte eine systematische Basis benötigt. Das heißt, dass eine ausschließlich durch Fachkräfte individuell ausgestaltete Förderung der Selbstbestimmungsrechte »vor Ort« nicht ausreichend ist, um dauerhaft und für alle Menschen mit Behinderungen bzw. Unterstützungs- und Assistenzbedarf gleichberechtigt eine verlässliche Förderung der Selbstbestimmung zu gewährleisten.

Eine systematisch angelegte Förderung der Selbstbestimmung muss daher eine konzeptionell und theoretisch verankerte und in der Praxis individuell durch die Fachkräfte realisierte Umsetzung darstellen. Das neue Betreuungsgesetz stellt ebenso wie das Gesetz zur Stärkung der Teilhabe und Selbstbestimmung von Menschen mit Behinderungen, das sogenannte Bundesteilhabegesetz (BTHG), den normativ strukturellen Rahmen für Unterstützungs- und Assistenzleistungen dar. Das BTHG »ist ein umfassendes Gesetzespaket, das in vier zeitversetzten Reformstufen bis 2023 in Kraft tritt und das für Menschen mit Behinderungen viele Verbesserungen vorsieht. Mit dem BTHG wurden mehr Möglichkeiten der Teilhabe und mehr Selbstbestimmung für Menschen mit Behinderungen geschaffen« (BMAS 2020/2022).

# Das Unterstützungs- und Schutzprinzip

Die in Deutschland 2009 in Kraft getretene UN-BRK verbrieft mit Artikel 12 die Rechts- und Handlungsfähigkeit von Menschen mit Behinderungen. Der Artikel 12 (3) enthält darüber hinaus folgende Verpflichtung an die Vertragsstaaten: »Die Vertragsstaaten treffen geeignete Maßnahmen, um Menschen mit Behinderungen Zugang zu der Unterstützung zu verschaffen, die sie bei der Ausübung ihrer Rechts- und Handlungsfähigkeit gegebenenfalls benötigen« (BGBl. 2008, S. 1419).

Mit der Verpflichtung, den Zugang zu Unterstützungsleistungen zu verschaffen, wird das Unterstützungsprinzip festgelegt. Gleichsam enthält Artikel 12 (4) die Sicherstellung vor missbräuchlicher Einflussnahme: »Die Vertragsstaaten stellen sicher, [dass] die Rechte, der Wille und die Präferenzen der betreffenden Person geachtet werden, es nicht zu Interessenkonflikten und missbräuchlicher Einflussnahme kommt« (ebd.).

Mit der Verpflichtung, eine Sicherung vor missbräuchlicher Einflussnahme zu gewähren, wird ein Schutz für Menschen mit Behinderung in deren Ausübung der Selbstbestimmungsrechte festgeschrieben. Zusammengefasst enthält Artikel 12 der UN-BRK das Recht auf Unterstützung (Absatz 3) und Sicherung vor Bevormundung (Absatz 4). Es ergibt sich demnach die Pflicht zur Unterstützung und zum Schutz (Lipp 2021, S. 51 f.). Daraus leiten sich das Unterstützungs- und das Schutzprinzip ab, welche in den unterschiedlich betroffenen Gesetzen und in der Umsetzungspraxis realisiert werden müssen. Entscheidend ist, dass beide Prinzipien gleichzeitig zum Tragen kommen – auch in der Umsetzung von Unterstützter Entscheidungsfindung. Den Zusammenhang stellt Abbildung 1 dar.

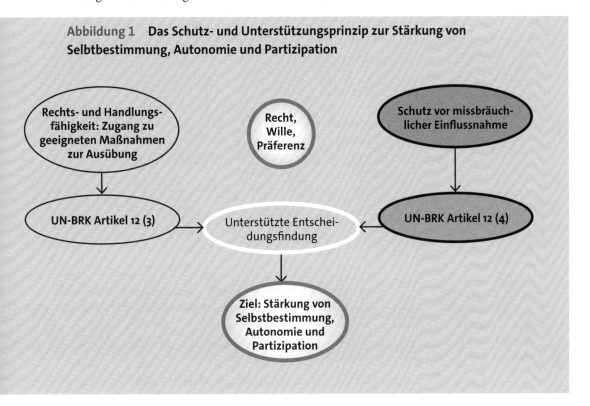

**Abbildung 1 Das Schutz- und Unterstützungsprinzip zur Stärkung von Selbtbestimmung, Autonomie und Partizipation**

Die Praxis, beruhend auf Artikel 12 der UN-BRK, betrifft sowohl die rechtliche Betreuung als auch die Eingliederungshilfe. Im Rahmen der rechtlichen Betreuung handelt es sich um Unterstützungsleistungen, im Rahmen der Eingliederungshilfe um Assistenzleistungen. Die Begriffe von Recht, Wille und Präferenz sind dabei zentral und in allen Leistungen zu beachten. Ziel aller Leistungen ist die Stärkung von Selbstbestimmung, Autonomie und Partizipation.

Das Konzept »Unterstützte Entscheidungsfindung« stellt, basierend auf den rechtlichen Rahmenbedingungen, einen Beitrag zur systematischen, fachlich-inhaltlichen Ausgestaltung der Förderung der Selbstbestimmung, Autonomie und Partizipation dar. Diese konzeptionelle Verankerung muss eine theoretische, wissenschaftliche Grundlage und einen denk- und handlungsleitenden Rahmen für die Praxis bieten. Um das Konzept der »Unterstützten Entscheidungsfindung« klarer zu umreißen, werden im Folgenden Begriffe rund um die »Entscheidung« definiert.

Im Rahmen der Betreuungsrechtsreform mit dem Ziel der Förderung Unterstützter Entscheidungsfindung müssen gleichzeitig das Unterstützungs- und das Schutzprinzip theoretisch und praxisbezogen verankert sein. Ziele sind die Stärkung der Selbstbestimmung und Autonomie sowie ergänzend die Partizipation.

# Das Begriffsspektrum »Entscheidung«

*»Gedanken ohne Inhalt sind leer,*
*Anschauungen ohne Begriffe sind blind.«*

*Immanuel Kant (1781, S. 75, zitiert nach Jank & Meyer 1994, S. 29)*

Die Begriffe »Entscheidung«, »Entscheidungsfindung« und »Unterstützte Entscheidungsfindung« sind zu definieren und lassen sich gut mithilfe eines Fallbeispiels abgrenzen.

**Entscheidung** Unter dem Begriff der Entscheidung wird im psychologischen Verständnis zum einen der Prozess verstanden, der dazu führt, dass eine Person oder mehrere Personen sich auf etwas festlegen. Zum anderen wird auch das Ergebnis darunter verstanden, also die Festlegung auf eine oder mehrere Optionen gegenüber anderen Optionen (Fegert 1978/2022). Im Konzept der »Unterstützten Entscheidungsfindung« wird der Prozess des psychologischen Begriffsverständnisses ausgeklammert und lediglich die Festlegung als Entscheidung für oder gegen etwas verstanden. Der Prozess, der zu einer Festlegung führt, wird unter dem Begriff »Entscheidungsfindung« verortet. Eine Entscheidung ermöglicht konkretes Handeln, sogenannte Willenshandlungen, die sich auf eine vorangegangene Entscheidungsfrage beziehen.

Herr A. stellt sich die Frage, ob er seinen kommenden Urlaub in
Finnland oder in Schweden verbringen möchte (Entscheidungsfrage).
Er trifft die Festlegung, dass er seinen Urlaub in Finnland verbringen will
(Entscheidung). Die getroffene Entscheidung ermöglicht ihm, sich ein
Ticket für den Flug nach Finnland zu kaufen (Willenshandlung).

Zugrunde liegt der Entscheidung ein bestimmtes Motiv, das eine mögliche folgende Tätigkeit leitet. Dabei stehen mit dem Motiv die Fragen im Vordergrund, warum man etwas möchte bzw. welche aktuellen Emotionen die Entscheidung begleiten. Welches Motiv verfolgt Herr A., wenn er sich für den Urlaub in Finnland entscheidet? Unter Umständen ist das Motiv die Sehnsucht nach Ruhe und Erholung, also eine Bedürfnisbefriedigung, die er sich in Finnland und nicht in Schweden verspricht. Es geht demnach um eine emotionale Seite der Entscheidung, die die dann folgenden Tätigkeiten leitet.

Entscheidungen zu verstehen bedeutet zum einen, die Frage, welche Emotionen begleitend sind, zu stellen und zu beantworten zu versuchen. Ein bestimmtes Ziel, mit dessen Hilfe eine Tätigkeit durch Handlungen realisiert werden kann, stellt eine Art »zukunftsorientiertes, objekt- oder gegenstandsbezogenes imaginäres Bild« dar: »Ich in Finnland!« Handlungen beschreiben eher, »wie« eine Aktivität ganz konkret durchgeführt werden kann (Jantzen 2015c, S. 42). Entscheidungen zu verstehen bedeutet zum anderen, die Frage nach dem Ziel zu stellen, welches durch die Entscheidung realisiert werden soll. In der praktischen Umsetzung einer Entscheidung sind Ziel und Motiv gleichzeitig enthalten, sodass hier begrifflich von »Zielmotiv« gesprochen wird.

**Entscheidungsfindung** Die Entscheidungsfindung ist ein Prozess. Der Begriff beschreibt den Prozess von einem Bedürfnis hin zu einem Zielmotiv, der komplex ist und unter anderem von Faktoren wie dem Bedürfnis bzw. den Bedürfnissen, dem Motiv, dem Ziel, von Handlungen und Tätigkeiten sowie vom individuell gegebenen Sinn abhängt. Das angestrebte Ergebnis der Entscheidungsfindung ist, eine Entscheidung zu finden, die Sinn für einen Menschen ergibt.

Bevor sich Herr A. für die Festlegung auf Finnland als Urlaubsziel entschieden hat, ging einiges in ihm vor. Er hat ein Bedürfnis, das er mit seinem Urlaubswunsch befriedigen möchte, nämlich nach Ruhe und Erholung. Dieses Bedürfnis kann er mit unterschiedlichen Motiven befriedigen: entweder in Schweden oder in Finnland. Beide Motive sind insofern für Herrn A. widersprüchlich, da er die Vorstellung hat, dass in Bezug auf sein Bedürfnis Schweden etwas bietet, was Finnland nicht hat, und Finnland etwas bietet, was Schweden nicht hat. Beide Motive sind zusätzlich von Gefühlen, Emotionen oder auch Affekten begleitet. So hat Herr A. in Bezug zum Motiv »Urlaub in Finnland« schlicht ein besseres, unbestimmtes Gefühl. Daraufhin entscheidet er sich für Finnland und gegen Schweden. Er realisiert damit ein Motiv (dominant) und gleichzeitig überwindet er das andere (subdominant). Das Gefühl für Finnland ist eher positiv und das zu Schweden im Verhältnis dazu eher negativ.

Aufbauend auf dieser ersten, groben – jedoch fachlichen – Annäherung an den Begriff »Entscheidungsfindung« stellt sich die Frage, was denn unter »Unterstützung« in der Entscheidungsfindung bis hin zur »Unterstützten Entscheidungsfindung« zu verstehen ist?

**Unterstützte Entscheidungsfindung** Die Unterstützte Entscheidungsfindung ist zunächst damit in Verbindung zu bringen, dass es Ziel der UN-BRK (GC Nr. 1 zu Artikel 12 UN-BRK) ist, selbige zu fördern und Praxen der Unterstützten Entscheidungsfindung (supported decision making) den Vorrang vor ersetzenden Entscheidungen zu geben (Monitoring-Stelle zur UN-Behindertenrechtskonvention 2015b; Brosey 2014, S. 211). Dabei ist eine Verführung hin zur Frage der methodischen Umsetzung »Wie ist es in der Praxis zu machen?« in der Fachöffentlichkeit erkennbar (exemplarisch dazu Stoy & Tolle 2020). Fokussiert wird mit dieser methodischen Frage somit die Umsetzungspraxis, ohne ausreichend zu beachten, dass die Unterstützung in der Entscheidungsfindung einzuhaltenden Grenzen unterliegt, zum Beispiel in der Frage, ob und wo theoretisch der Schutz vor missbräuchlicher Einflussnahme verortet und wie selbiger unabhängig von der Anwendungspraxis formuliert ist. Grundlage dafür ist der in Artikel 12 (4) der UN-BRK geforderte strukturelle Schutz vor missbräuchlicher Einflussnahme.

In dem Konzept »Unterstützte Entscheidungsfindung« wird zum einen der Dialog als praktisches Mittel im Prozess vom Bedürfnis zum Zielmotiv als struktureller Schutz beschrieben. Im Zentrum steht dabei, wie der Dialog praktisch zu gestalten ist. Zum anderen wird der strukturelle Schutz inhaltlich formuliert. Dies zeigt sich in der differenzierten Beschreibung des Dialogs und dessen Bedingungen. Im Zentrum steht hier, was den Dialog theoretisch ausmacht. Dies ist auch Teil des strukturellen Schutzes, da erst dann, wenn der substanzielle Inhalt definiert ist, dessen praktische Umsetzung möglich ist.

Wichtig zu erkennen ist, dass die Suche nach Unterstützung in der Entscheidungsfindung für nahezu alle Menschen üblich ist. Wir alle verfolgen solche Ziele im Alltag, zum Beispiel um eine Erleichterung im Treffen einer Entscheidung oder auch eine Begründung für eine bereits getroffene Entscheidung zu finden. Die definitorischen Eingrenzungen zu den Begriffen von Entscheidung, Entscheidungsfindung und Unterstützter Entscheidungsfindung gelten für uns alle, ganz unabhängig von einer rechtlichen Betreuung, einer Behinderung, einer psychiatrischen Diagnose oder des Lebensalters etc.

Diese Betrachtung mündet in der Frage, welche Bedeutung dies nun für die Rollenausführung als Betreuungskraft hat, und zwar unabhängig davon, ob es sich um die Umsetzung der Eingliederungshilfe oder der rechtlichen Betreuung handelt. Schlussfolgernd formuliert, geht es im Konzept »Unterstützte Entscheidungsfindung« bezogen auf die Umsetzungspraxis darum, Anerkennung in der Rollenausführung als Betreuungskraft leisten zu können, und zwar die Anerkennung, dass:

- sich hinter jeder Entscheidung eines anderen Menschen eine subjektive Bedeutung verbirgt,
- diese subjektive Bedeutung ihren Ausgangspunkt in einem *individuellen Bedürfnis* hat,
- die Relevanz eigener Entscheidungen die Erweiterung des Handlungsspielraums für den betreuten Menschen darstellt *(Erweiterung des Möglichkeitsraums)*,
- sich durch das Treffen einer Entscheidung eines betreuten Menschen dessen subjektive Lebensqualität verbessert *(Bedürfnisbefriedigung)*,
- der Ansatzpunkt für unterstützte Entscheidungsfindungprozesse, das gemeinsame *Herstellen eines klaren Verständnisses des individuellen Bedürfnisses* ist,
- ausgehend von einem *Bedürfnis ein Motiv und ein Ziel (Zielmotiv)* formuliert werden kann,
- die Unterstützte Entscheidungsfindung der *Prozess vom Bedürfnis zum Zielmotiv* ist.

Die theoretischen Hinführungen zu den einzelnen Anerkennungspunkten werden im übernächsten Kapitel ausführlich dargestellt.

Um dem Anliegen der Selbstbestimmung, Autonomie und Partizipation konzeptionell nachzugehen, werden im Folgenden zunächst typische Szenarien der – nicht nur rechtlichen – Betreuungspraxis vorgestellt, in denen eine Erforderlichkeit der Umsetzung der Unterstützten Entscheidungsfindung nachvollziehbar wird.

Es ist wichtig, die Begriffe »Entscheidung«, »Entscheidungsfindung« und »Unterstützte Entscheidungsfindung« zu definieren, um damit eine Grundlage für das Verständnis von dem, was in Praxissituationen relevant ist, zu schaffen.

# Praxisszenarien zur Unterstützten Entscheidungsfindung

*»Nichts ist so praktisch wie eine gute Theorie.«*

Kurt Lewin (1951, S. 169)

Sowohl in der betreuungsrechtlichen Praxis als auch in der Assistenz im Rahmen der Eingliederungshilfe sind drei unterschiedliche Szenarien in der Entscheidungsfindung typisch. Mithilfe dieser drei Szenarien werden die im Konzept der »Unterstützten Entscheidungsfindung« enthaltenen Erforderlichkeiten für die praktische Umsetzung erläutert.

## Szenario 1: Unentschiedene Entscheidungsfrage

Herr G. hat eine Entscheidungsfrage, nämlich ob er seinen Handyvertrag kündigen oder beim bestehenden Vertrag bleiben soll. Mit dieser Entscheidungsfrage tritt er an seine Betreuerin der Wohneinrichtung, Frau T., heran.

Häufige Praxis, die nicht innerhalb des Konzepts der »Unterstützten Entscheidungsfindung« liegt, ist, dass die Betreuungskraft nunmehr »fürsorglich und mit bester Absicht« Herrn G. mit ihrem Wissen berät, was er doch »am besten« tun oder lassen soll. Ein wirklicher *Dialog* mit dem Ziel des Herausfindens von Bedürfnissen und Motiven hin zur Entscheidungsfindung wird mit diesem Vorgehen nicht forciert, vielmehr stellt sich die Frage, ob mit diesem Vorgehen nicht sogar eher eine missbräuchliche Einflussnahme – UN-BRK, Artikel 12 (4) – stattfindet. Diese Frage stellt sich insofern, als Herr G. dann »seine« Entscheidung gemäß dem Wissen seiner Betreuerin Frau T. als »best interest« trifft bzw. aus der *Perspektive der Fachkraft* am besten treffen sollte.

In der Umsetzung des Konzepts der »Unterstützten Entscheidungsfindung« geht es nun darum, dass ein Mensch mit einer rechtlichen Betreuung durch einen Dialog unterstützt wird. Das heißt, dass bezogen auf die vorliegende Entscheidungsfrage das Bedürfnis, das mit einer Entscheidung befriedigt werden kann, gemeinsam herausgefunden wird. Darauf basierend können unterschiedliche Denkmodelle und verschiedene konkrete Handlungen zur Bedürfnisbefriedigung miteinander entwickelt werden, die für die betreute Person eine Abwägungsmöglichkeit darstellen.

Mit diesem Vorgehen wird konsequent das Unterstützungsprinzip im Betreuungsrecht bzw. das Assistenzprinzip in der Eingliederungshilfe verfolgt. Daraus folgend stellt sich die Frage, wie in diesem Rahmen das Schutzprinzip verfolgt werden kann.

Das Konzept »Unterstützte Entscheidungsfindung« erweitert also das dargestellte Vorgehen auf der Basis einer noch zu findenden Entscheidung um ein weiteres Szenario.

## Szenario 2: Entschiedene Entscheidung

Herr G. hat eine Entscheidung bezüglich seines Handyvertrags getroffen: Er möchte dauerhaft beim bestehenden Vertrag bleiben, obwohl dieser mit sehr hohen monatlichen Gebühren verbunden ist und sogar sofort kündbar wäre. Mit dieser Entscheidung konfrontiert er Frau T.

Frau T. könnte auch in diesem Szenario dazu verführt sein, ihr Wissen bezüglich der sehr hohen Gebühren und der sofortigen Kündigungsmöglichkeit im Sinne des »Bankiers-Konzeptes« (Freire 1993, S. 57) an den Betreuten weiterzugeben, und zwar mit dem konkreten Ziel, dass Herr G. den teuren Handyvertrag kündigt – zudem mit dem abstrakten Ziel, damit das Schutzprinzip zu verwirklichen. Unter Berücksichtigung des dabei fehlenden Dialogs mit Beachtung der Motive und Bedürfnisse, die in der Entscheidung »Beibehaltung des Vertrages« liegen, ist damit jedoch keine Unterstützte Entscheidungsfindung umgesetzt. Vielmehr könnte hier erneut von einer missbräuchlichen Einflussnahme, und zwar in das Selbstbestimmungsrecht des Betroffenen, ausgegangen werden – obwohl, praktisch betrachtet, eine sofortige Kündigung vernünftig erscheinen kann.

Um konsequent bei der Umsetzung des Selbstbestimmungsrechts im Rahmen der Unterstützten Entscheidungsfindung zu bleiben und trotzdem das Schutzprinzip zu beachten, ist auch bei bereits getroffenen Entscheidungen gemeinsam herauszufinden, welche Motive bzw. Bedürfnisse mit der Entscheidung befriedigt werden sollen. Darauf basierend können auch bei einer bereits getroffenen Entscheidung unterschiedliche Denkmodelle und konkrete Handlungen zur Bedürfnisbefriedigung gemeinsam für den Fall entwickelt werden, da womöglich mit der Entscheidung eine Schädigung eingetreten ist und demzufolge auch jetzt noch das Schutzprinzip realisiert werden muss. Im Weiteren kann für den betreuten Menschen eine Abwägungsmöglichkeit in Bezug zur Bedürfnisbefriedigung erarbeitet werden.

In der Betreuungspraxis, unabhängig davon, ob innerhalb der rechtlichen Betreuung oder im Rahmen der Eingliederungshilfe, ist ein weiteres Szenario typisch und demnach entlang des Konzepts »Unterstützte Entscheidungsfindung« zu prüfen.

# Szenario 3: Selbstbestimmte Fremdbestimmung

Herr G. ist sich in seiner Entscheidungsfrage, ob der Handyvertrag gekündigt werden soll oder nicht, weiterhin unschlüssig. Er tritt an seine rechtliche Betreuerin Frau T. heran und bestimmt, dass doch bitte sie für ihn die Entscheidung treffen möge, was das Beste in der Situation ist und was demzufolge das entsprechende Handeln sein soll: kündigen oder nicht kündigen?

Auch beim Konzept der »Unterstützten Entscheidungsfindung« wäre es möglich, die Bitte als selbstbestimmt zu definieren und daraufhin konsequent eigenes Handeln zur Umsetzung zu starten. Herr G. trifft somit selbstbestimmt eine Entscheidung, nämlich dass er selbst nicht über die Vertragskündigung entscheiden will, sondern Frau T. die Entscheidung über die Kündigung an seiner Stelle trifft und nach dieser betreuereigenen Entscheidung handelt. Dies entspräche abstrakt definiert einer »selbstbestimmten Fremdbestimmung«, da Herr G. mit dem Entscheidungsausgang zur Kündigung nichts mehr zu tun hat.

Allerdings betrifft die Selbstbestimmung in dieser Entscheidung nur den Aspekt »Frau T. soll entscheiden«. Das Ergebnis der Entscheidung über die Kündigung liegt nicht mehr bei Herrn G. und ist somit nicht von Herrn G. bestimmt. Wenn nunmehr Frau T. stellvertretend entscheidet, stellt sich die Frage, ob dies im Sinne einer Unterstützten Entscheidungsfindung unkritisch möglich ist – was zu verneinen ist.

Grund für die Verneinung ist, dass damit die in der UN-BRK verbriefte Partizipation als Grundsatz nur unzureichend Beachtung findet. »Der Grundsatz der Partizipation ist einer der allgemeinen Menschenrechts-Grundsätze (vgl. Art. 3 UN-BRK): Er fordert die volle und wirksame Partizipation an der Gesellschaft und Einbeziehung in die Gesellschaft« (Hirschberg 2010, S. 2). Und im Weiteren heißt es: »Wie die anderen Grundsätze ist der Gedanke der Partizipation aller Menschen mit Behinderungen leitend für die Umsetzung der gesamten Konvention und wichtig für das Verständnis der in ihr enthaltenen Rechte« (ebd.). Darauf aufbauend gilt: »Die UN-Konvention schreibt vor, dass Menschen mit Behinderungen und ihre sie vertretenden Organisationen aktiv an der Gestaltung und Umsetzung der Konvention beteiligt werden müssen (vgl. Art. 4 Abs. 3 UN-BRK)« (ebd., S. 3).

Dies bedeutet, dass selbstverständlich auch in der Umsetzung einer Unterstützten Entscheidungsfindung die betreuende oder sozialarbeiterisch tätige Person innerhalb der Eingliederungshilfe verpflichtet ist, über dialogisches Handeln eine andere Person in der Entscheidungsfindung zu unterstützen – und nicht eine »selbstbestimmte Fremdbestimmung« als Maßstab des eigenen Handelns anzusehen.

Sowohl in der Praxis des Betreuungsrechts als auch in der Praxis der Umsetzung der Eingliederungshilfe geht es darum, mit der Umsetzung der Unterstützten Entscheidungsfindung sowohl das Unterstützungs- bzw. das Assistenzprinzip als auch das jeweils verbriefte Schutzprinzip zu realisieren. Ziel ist dabei immer die Förderung der Selbstbestimmung, Autonomie und Partizipation.

# Schutz vor missbräuchlicher Einflussnahme

Besondere Bedeutung hat im Konzept »Unterstützte Entscheidungsfindung« Artikel 12 (4) der UN-BRK. Danach haben die Vertragsstaaten geeignete und wirksame Sicherungen vorzusehen, welche die Maßnahmen zur Unterstützung der Ausübung der Rechts- und Handlungsfähigkeit betreffen und Schutz bieten. Mit diesen Sicherungen sollen missbräuchliche Einflussnahmen, zum Beispiel Manipulationen in Prozessen der Entscheidungsfindung oder bei Interessenkonflikten, verhindert werden. Sie schützen demnach den Menschen, der einer rechtlichen Betreuung oder einer Assistenz bedarf, vor unlauterem methodischem Vorgehen bzw. unreflektiertem, nicht methodischem Vorgehen mit der Folge, dass er eine Entscheidung trifft, die nicht seiner eigentlichen Bedürfnisbefriedigung und seinem Motiv entspricht und damit für ihn keinen Sinn ergibt.

Wenn nun die Verantwortung der Sicherstellung von Schutz den Vertragsstaaten obliegt, müssen demnach die Sicherungen strukturell bzw. konzeptionell verortet sein, sodass die Rechte, der Wille und die Präferenzen der betreffenden Menschen geschützt und geachtet werden. Eine konzeptionelle Ausarbeitung der Inhalte von Sicherungen und Schutz bietet eine Reflexionsebene. Das heißt, dass Fachkräfte in kollegialer Beratung oder Supervision eigene Haltungen und

Ansichten zu vorliegenden Sachverhalten und auch eigenes praktisches Vorgehen reflektieren können und müssen (Tolle & Stoy 2020). Ohne inhaltliche konzeptionelle Verankerung von Schutz und Sicherung ist die Reflexion von Haltung, Ansichten und praktischem Vorgehen rahmen- und substanzlos. Insofern bietet die Reflexionsmöglichkeit eine strukturelle Sicherung vor missbräuchlicher Einflussnahme in der Betreuungs- und Assistenzpraxis.

Wichtig ist an dieser Stelle, dass eine Verkürzung unterstützter Entscheidungsfindungen hin zu einer Methode bzw. zur technisch-methodischen oder operationalisierten Anwendung nicht ausreichend ist, da damit die Frage der Sicherung und des Schutzes einzig und allein auf eine individuelle Anwendungsebene verlagert würde. Das hieße, die Sicherung vor missbräuchlicher Einflussnahme läge ausschließlich in der Verantwortung der ausführenden Fachkraft. Es geht folglich um eine *strukturelle* Sicherung, die in einem Konzept theoretisch verankert ist und im Folgenden in der Praxis individuell umgesetzt wird.

Unterstützte Entscheidungsfindung muss eine *strukturelle* Sicherung formulieren, die in dem Konzept theoretisch verankert ist und im Folgenden in der Praxis individuell umgesetzt wird. Die Reflexion von Haltung, Ansichten und praktischem Vorgehen ist eine strukturelle Sicherung, die jedoch einen inhaltlichen Rahmen erfordert. Der Rahmen wird durch die Inhalte des Konzepts »Unterstützter Entscheidungsfindung« gebildet und stellt damit die Substanz der Reflexion dar. Ohne inhaltliche konzeptionelle Verankerung von Schutz und Sicherung ist die Reflexion von Haltung, Ansichten und praktischem Vorgehen rahmen- und substanzlos.

# Selbstbestimmung, Autonomie und Partizipation – Fazit

Sozialpolitische Entwicklungen, insbesondere die politischen Entscheidungen zur Erarbeitung des Bundesteilhabegesetzes (BTHG) und des Gesetzes zur Reform des Betreuungsrechts, fußen unter anderem auf den Ergebnissen der rechtstatsächlichen Untersuchungen des Instituts für Sozialforschung und Gesellschaftspolitik (ISG) und des IGES-Instituts. Übergeordnetes Ergebnis der zwei bereits genannten Studien ist, dass das Gebot größtmöglicher Selbstbestimmung von Menschen mit Behinderungen im Sinne von Artikel 12 des Übereinkommens der Vereinten Nationen vom 13. Dezember 2006 über die

Rechte von Menschen mit Behinderungen (BGBl. 2008 II, S. 1419 f.; UN-Behindertenrechtskonvention, UN-BRK) im Vorfeld und innerhalb der rechtlichen Betreuung nicht durchgängig zufriedenstellend verwirklicht ist. Deutlich wird damit, dass die Umsetzung der UN-BRK, insbesondere in Bezug auf das Selbstbestimmungsrecht von Menschen mit einer Beeinträchtigung, bei allen Bestrebungen im Mittelpunkt steht.

Die in Deutschland 2009 in Kraft getretene UN-BRK verbrieft mit Artikel 12 die Rechts- und Handlungsfähigkeit von Menschen mit Behinderungen. Der Artikel 12 (3) enthält darüber hinaus die Verpflichtung der Vertragsstaaten, den Zugang zu einer Unterstützung zu verschaffen, die bei der Ausübung der Rechts- und Handlungsfähigkeit gegebenenfalls benötigt wird (BGBl. 2008, S. 1419). Mit der Verpflichtung, den Zugang zu Unterstützungsleistungen zu verschaffen, wird das Unterstützungsprinzip festgelegt. Gleichsam enthält Artikel 12 (4) die Sicherstellung vor missbräuchlicher Einflussnahme, in dem die Vertragsstaaten sicherzustellen haben, dass die Rechte, der Wille und die Präferenzen der betreffenden Person geachtet werden sowie dass es nicht zu Interessenkonflikten und missbräuchlicher Einflussnahme kommt (ebd.). Mit der Verpflichtung, eine Sicherung vor missbräuchlicher Einflussnahme zu gewähren, wird ein Schutz für Menschen mit Behinderung in deren Ausübung der Selbstbestimmungsrechte festgeschrieben. Ziel ist mit beiden Prinzipien die Förderung von Selbstbestimmung, Autonomie und Partizipation.

Um dieses Ziel zu verfolgen, ist es notwendig, eine begriffliche Basis zu schaffen und damit klarzustellen, welche Inhalte unter welchen Begriffen zu verstehen sind und welches Handeln unter Berücksichtigung der Ziele und Inhalte umgesetzt werden kann. Eine Entscheidung ist als Festlegung für oder gegen etwas zu verstehen. Sie ermöglicht konkretes Handeln, sogenannte Willenshandlungen, die sich auf eine vorangegangene Entscheidungsfrage beziehen. Der Prozess, der zu einer Festlegung führt, wird unter dem Begriff »Entscheidungsfindung« verortet. Es geht hier um den Prozess oder Weg vom Bedürfnis hin zu einem Zielmotiv. »Unterstützte Entscheidungsfindung« versteht sich als Konzept, mit dem die strukturellen Inhalte, welche die Unterstützung, den Schutz und auch die Denk- und Handlungslogiken für die Praxis darstellen, sichergestellt werden.

Wichtig ist es, anzuerkennen, dass die theoretischen und praxisorientierten Inhalte aktuell als nicht abgeschlossen betrachtet werden. Für die Unterstützte Entscheidungsfindung gilt: »still work in progress!« Dies begründet sich dadurch, dass zwar typische Praxisszenarien in ihren Grundstrukturen dargestellt werden können, sich Alltagswelt und Praxisanforderungen jedoch stetig weiterentwickeln. Dabei ist eins unumstößlich: Der Schutz vor missbräuchlicher Einflussnahme auf die Entscheidungsfindungsprozesse von Menschen, die rechtlicher Betreuung oder Assistenz bedürfen, darf nicht ausschließlich in der Haltung und Umsetzungspraxis von Praktiker*innen liegen. Welche Inhalte einen strukturellen Schutz benötigen, für den die Vertragsstaaten Sorge zu tragen haben, muss vor der praktischen Umsetzung theoretisch formuliert sein.

### ⁇   FRAGEN ZUR REFLEXION

⇒ Überlegen Sie, welche sozialpolitischen Entwicklungen zur notwendigen Formulierung eines Konzepts »Unterstützte Entscheidungsfindung« geführt haben.

⇒ Welche Gesetze sind damit angesprochen? Wer ist Adressat*in dieser Gesetze?

⇒ Warum sind in diesen Gesetzen das Unterstützungs- und das Schutzprinzip verankert? Wer muss beide Prinzipien gewährleisten und wer profitiert davon?

⇒ Wie unterscheiden sich die Begriffe der Entscheidung, Entscheidungsfindung und Unterstützung in der Entscheidungsfindung? Warum ist es für Praktiker*innen wichtig, diese Differenzierungen zu kennen?

⇒ Kreieren Sie aufgrund Ihrer Praxiserfahrungen selbstständig Beispiele, in denen Unterstützung in der Entscheidungsfindung relevant wird. Wie kann eine Umsetzung vor dem Hintergrund des Konzepts »Unterstützte Entscheidungsfindung« aussehen?

⇒ Worauf begründet sich der Schutz vor missbräuchlicher Einflussnahme in der Unterstützung in der Entscheidungsfindung und warum ist dieser von hoher Bedeutung im Konzept »Unterstützte Entscheidungsfindung«?

### ⁊ ⁌   ZUSAMMENFASSUNG

In diesem Kapitel werden die grundlegenden Ausgangspunkte und -überlegungen dargestellt, die dem Konzept »Unterstützte Entscheidungsfindung« vorausgehen und es begleiten. Dies sind sozialpolitische Entwicklungen und die daraufhin eingetretenen Änderungen im Gesetz, sowohl im Betreuungsrecht als auch im Bundesteilhabegesetz. Bei sämtlichen Gesetzesänderungen muss immer eines beibehalten werden: Das Unterstützungs- und das Schutzprinzip für Menschen, die eine rechtliche Betreuung oder auch eine Assistenz im Rahmen der Eingliederungshilfe benötigen, muss im Recht selbst verankert sein und in der Umsetzungspraxis zum Ausdruck kommen. Dies gilt auch für die inhaltliche und praxisorientierte Ausrichtung des Konzepts.

Zur passenden Einordnung ist es wesentlich, die gängigen Begriffe zu definieren. Dazu gehören »Entscheidung«, »Entscheidungsfindung« und »Unterstützte

Entscheidungsfindung«. Die Umsetzungspraxis bzw. die Situationen, in denen Unterstützung in der Entscheidungsfindung erforderlich wird, sind vielfältig, dennoch gibt es typische Szenarien, die in der Praxis der rechtlichen Betreuung oder der Eingliederungshilfe vom Aufbau her immer wieder vorkommen – auch wenn die Inhalte der Entscheidungsfragen sehr unterschiedlich sind. Diese typischen Szenarien werden nach deren grundsätzlichem Aufbau dargestellt. Eins bleibt dabei entscheidend: Bei allen Unterstützungsleistungen muss immer gewährleistet sein, dass Menschen, die eine rechtliche Betreuung oder Assistenz in Anspruch nehmen, nicht missbräuchlich beeinflusst oder gar manipuliert werden dürfen. Dafür steht der Artikel 12 (4) der UN-Behindertenrechtskonvention (UN-BRK). Es entsteht daraus die Frage, wie dies strukturell und zusätzlich in der Umsetzungspraxis gewährleistet werden.

# Unterstützte Entscheidungsfindung – eine erste Annäherung

*»Das Andere muss sich aus der Überwindung des Bestehenden ergeben. Kurz, es geht nicht darum, das bestehende System pauschal zu negieren, abzulehnen. Man muss es vielmehr Zug um Zug außer Kraft setzen in der Praxis. Der Angelpunkt ist die Praxis. Sie ist die offene Flanke der Ideologie.«*

Franco Basaglia und Franca Basaglia-Ongaro (1980, S. 40)

## Weg von der Ohnmacht hin zur Macht

*»Nicht die Ausgegrenzten haben demnach zu beweisen, dass sie in vollem Umfang Mensch sind, also zu Dialog, Kommunikation, zu sozialem Verkehr in der Lage, sondern ich selbst habe als Diagnostiker, Pädagoge, Therapeut zu beweisen, dass ich in der Lage bin, einen egalitären Dialog zu führen.«*

Wolfgang Jantzen (2013, S. 20)

Die Unterstützte Entscheidungsfindung darf nicht auf ein »Schrittabfolgemodell« oder auf ein Methodenrezept reduziert werden, das vermeintlich problemlos in der Praxis 1:1 umgesetzt werden kann. Vielmehr geht es bei der Unterstützten Entscheidungsfindung um einen Prozess, den es zu verstehen gilt und der auf dieser Reflexion basierend erst handlungsleitend werden kann. Ein solches Verständnis vom Prozesscharakter der Unterstützten Entscheidungsfindung ermöglicht Praktiker*innen, eigenständig zu begründen, dass sie im Sinne der Unterstützten Entscheidungsfindung handeln.

Die folgende Abbildung zeigt das Bedingungsgefüge der Unterstützten Entscheidungsfindung im Kontrast zur ersetzenden Entscheidung. Eine Betrachtung und Berücksichtigung dieser beiden Seiten hilft dabei, zu einem konkreteren Verständnis davon zu kommen, wodurch sich unterstützende Entscheidungsprozesse auszeichnen.

Auf der linken Seite der Abbildung finden sich Aspekte, die Inklusion im Verhältnis zur Exklusion (auf der rechten Seite) ausmachen. Diese sind relevant, um eine Unterstützte Entscheidungsfindung als Konzept formieren zu können. Dabei spielen für Unterstützte Entscheidungsfindung »Solidarische Vernunft«, Machtverhältnisse sowie der Dialog als ein Mittel zur Inklusion ebenso eine Rolle wie die »Anerkennung des Anderen als Meinesgleichen« (Jantzen 2005, S. 158), um Wege zur Selbstbestimmung zu bahnen.

Die rechte Seite der Abbildung geht im Gegensatz dazu von der ersetzenden Entscheidung aus und stellt Bedingungen dar, die diese stützen. Dazu gehören die teilnahmslose Vernunft sowie Prozesse und Dynamiken von Exklusion, die nicht nur durch Fremdbestimmung gekennzeichnet sind, sondern die auch in Isolation und in eine Positionierung von Menschen am »Pol der Ohnmacht« münden können. Noch heute kennen viele Personen mit Behinderung oder psychiatrischer Diagnose die Erfahrung, sich an diesem Pol zu bewegen und für sie relevante Entscheidungen nicht selbst treffen zu können: »Häufig werden im Zusammenhang mit Entscheidungsprozessen bei Angelegenheiten, die sie betreffen oder ihr Leben beeinflussen, keine Konsultationen mit Menschen mit Behinderungen geführt und Entscheidungen werden weiter in ihrem Namen getroffen«, so liest es sich im Absatz 4 der Allgemeinen Bemerkungen Nr. 7 über die Partizipation von Menschen mit Behinderung aus dem Jahre 2018 (CRPD 2018). Von daher ist es wichtig, dass das Thema der Unterstützten Entscheidungsfindung zunehmend in das fachliche Interesse und in die Diskussion von Fachkräften rückt.

Mit dem Thema der Unterstützten Entscheidungsfindung werden im übergeordneten Sinne Fragen nach Partizipation und Selbstbestimmung angesprochen. Beides soll mithilfe der »Unterstützten Entscheidungsfindung« gesichert werden (siehe dazu BMJV 2018). Dabei wird zugrunde gelegt, dass sich Menschen nur in dem Maße selbstbestimmen können, »wie sie die Verhältnisse bestimmen, durch die sie bestimmt sind« (Osterkamp 1989, S. 134). Selbstbestimmung ist von daher im Kontext von Partizipation und gesellschaftlicher Teilhabe bzw. Möglichkeiten und Chancen zu verstehen, die Verhältnisse mitzugestalten, in denen Menschen leben. Offensichtlich haben wir jedoch noch Verhältnisse, in denen Entscheidungen für andere Menschen in ihrem Namen getroffen werden. Die Menschen, für die ersetzend entschieden wird, sind damit am Pol der Ohnmacht platziert und haben kaum Aussichten und Gelegenheiten, die Verhältnisse mitzubestimmen, durch die sie bestimmt sind. Mit anderen Worten wird noch heute »ersetzend« von einer Person für einen anderen Menschen entschieden, was als Gegenpol zur »Unterstützten Entscheidungsfindung« zu verstehen ist.

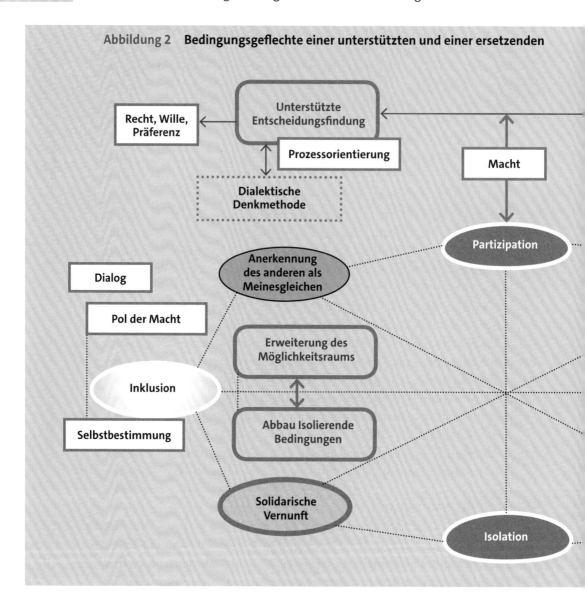

Abbildung 2   **Bedingungsgeflechte einer unterstützten und einer ersetzenden**

Bei der *ersetzenden Entscheidung* steht das »Wohl« oder auch das »beste Interesse« dafür, dass eine Person aus der mutmaßlichen Perspektive eines anderen
Menschen eine bestimmte Entscheidung fördert.

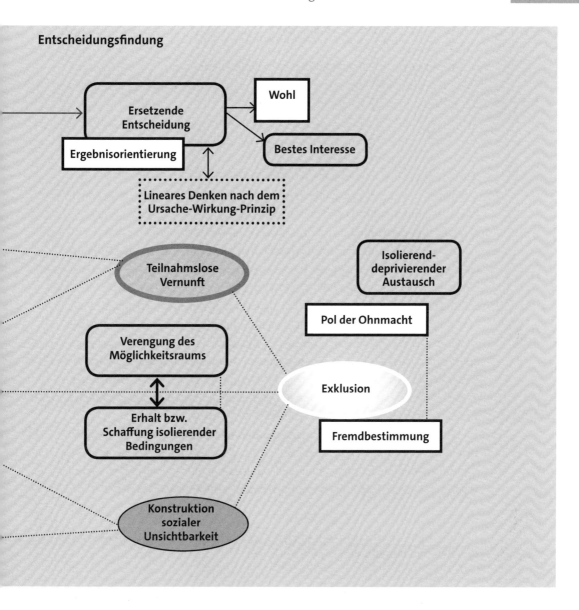

**Entscheidungsfindung**

Das »beste Interesse« kann durchaus sogar im Widerspruch zu den Wünschen der Person stehen, für die entschieden wird. Es kann beispielsweise sein, dass die rechtlich betreuende Person die Geldabhebungen durch einen betreuten Menschen für fragwürdig hält und interveniert. Solche Umstände können eine Betreuungskraft zu Überlegungen bringen, für den betreuten Menschen zu entscheiden und die zukünftige selbstständige Finanzverwaltung zu verhindern. Dies geschieht mit der Begründung, dass offensichtlich Ressourcen aufgebraucht werden, die das zukünftige »Wohl« des betreuten Menschen, etwa das Mietverhältnis, sichern würden.

Wenn nun aber die betreute Person die selbstständige Finanzverwaltung weiterhin wünscht – und zwar ohne faktische finanzielle Schädigung, sondern nur im bisherigen »fragwürdigen« Maß –, können Interessenkonflikte zwischen beiden entstehen. Rechtliche Betreuer*innen können in ihrer Position am Pol der Macht rechtswirksame Entscheidungen (sprich ersetzende Entscheidungen) für andere Erwachsene treffen. Unter bestimmten Voraussetzungen, wie der Zuständigkeit für den Aufgabenbereich Vermögenssorge mit Einwilligungsvorbehalt, kann eine betreuende Person die Einwilligung in ein vom betreuten Menschen durchzuführendes oder bereits durchgeführtes finanzielles Rechtsgeschäft verweigern und dies damit nicht rechtswirksam werden lassen.

Bis zur Betreuungsrechtsreform im Jahre 2023 konnte sich in der inhaltlichen Begründung auf das »beste Interesse« eines betreuten Menschen bezogen werden, unerheblich davon, ob die gewünschte, eventuelle fragwürdige selbstständige Finanzverwaltung einen faktischen Schaden hervorruft oder dies nur eine Eventualität darstellt. Die nicht gegebene Einwilligung in ein Rechtsgeschäft ist dann mit einer ersetzenden Entscheidung gleichzusetzen. Es wird ersetzend entschieden, dass der betreute Mensch eine eventuelle Gefährdung des Mietverhältnisses doch nicht wollen oder wünschen kann und dies durch Maßnahmen zu verhindern ist. Bei der ersetzenden Entscheidung ist für eine*n Klient*in das Ergebnis einer Entscheidung gesetzt und er*sie muss schauen, wie er*sie damit zurechtkommt. Das Ergebnis der ersetzenden Entscheidung heißt im Beispiel: Eigene finanzielle Geschäfte (über der Grenze von geringfügigen Alltagsgeschäften) sind ohne Einwilligung schwebend, das heißt vorläufig bis zur Einwilligung rechtsunwirksam. Der Prozess der Entscheidungsfindung verschleiert sich.

Der*die Klient*in kann am Pol der Ohnmacht in der Regel wenig Einfluss auf den Entscheidungsfindungsprozess nehmen.

Die *Unterstützte Entscheidungsfindung* fokussiert demgegenüber nicht auf das »beste Interesse« oder das »Wohl« eines anderen aus der Perspektive einer anderen Person, sondern auf die Präferenzen und den Willen der Person, die nach einer Entscheidung sucht (Abs. 4 von Artikel 12 UN-BRK). Betreuungsrechtlich fokussiert sich Unterstützte Entscheidungsfindung auf den Wunsch der rechtlich betreuten Person (§ 1821 BGB-neu). Von Bedeutung ist unter Berücksichtigung beider Grundlagen vor allem der ergebnisoffene Prozess der Entscheidungsfindung. Das ist ein wesentlicher Unterschied zur ersetzenden

Entscheidung, die auf ein konkretes Ergebnis bzw. ein Ziel hin orientiert ist. Das Ziel bei der ersetzenden Entscheidung verfolgt dabei die Interessen der entscheidenden Person, die den Wünschen und dem Willen des Menschen, für den entschieden wird, übergeordnet sind.

# Dialektisches Denken als methodische Grundlage der Unterstützten Entscheidungsfindung

*»Wir dürfen nur die Differenzen unterscheiden, die bleiben, wenn die Hierarchien beseitigt sind.«*

Boaventura de Sousa Santos (2013, S. 41)

Franco Basaglia hat das dialektische Denken als »Denken in Widersprüchen« im Reformprozess psychiatrischer Strukturen in Italien angewendet (Jantzen 2016, S. 66). Er schrieb: »Die psychiatrische Anstalt [ist] keine Einrichtung [...], die Menschen heilt, sondern eine Gemeinschaft, die sich durch Auseinandersetzen mit ihren eigenen Widersprüchen selbst heilt, denn es handelt sich in der Tat um Gemeinschaften, in denen alle Widersprüche auftreten, die die Wirklichkeit nun einmal ausmachen« (Basaglia 1981, S. 17).

Die dialektische Denkmethode löst sich vom Denken in linearen Ketten wie beim Ursache-Wirkung-Modell. Es wird stattdessen versucht, die Wirklichkeit im »Dreieckssprung« zu erfassen: Bei jedem Phänomen (der »These« wie »ersetzende Entscheidung«) wird auch der Gegenpol (»Antithese« wie »Unterstützte Entscheidungsfindung«) mit einbezogen. Aus einer Konfrontation beider entgegengesetzter Pole ergibt sich etwas Neues, die »Synthese« (etwa »Selbstbestimmung«). Diese ist wiederum der Ansatzpunkt eines neuen Widerspruchs (Schmid 1981, S. 38). Dieser neue Widerspruch kann Selbstbestimmung im Verhältnis zur Fremdbestimmung sein, aus dem sich der Widerspruch zwischen »Partizipation und Isolation« sowie »Inklusion und Exklusion« ergeben könnte.

Für Franco Basaglia und sein Team ist es in der Nutzung dieser Denkmethode selbstverständlich, mit dialektischen Begriffspaaren zu arbeiten. Wenn zum Beispiel über »nicht normal« gesprochen wird, dann wird zunächst gefragt, was denn »nicht normal« im Verhältnis zu »normal« bedeutet. Damit kann die Selbstverständlichkeit der Begrifflichkeit »nicht normal« infrage gestellt werden (ebd.). Wenn dies in ein Bild gebracht wird, könnte beispielsweise eine Bankmitarbeiterin annehmen, das Verhalten einer Kundin sei »nicht normal«, weil sie ungefähr einmal in der Woche in die Filiale kommt, um ihren Kontostand abzufragen. Dabei ist ihr Konto seit Jahren aufgelöst. Eine Möglichkeit wäre die Vermutung: »Bestimmt hat Frau Kracht eine Demenz. Normalerweise fragt kein Kunde den Kontostand ab, wenn das Konto aufgelöst ist.« Bei dem Kausalschluss, bei dem eine Krankheit dem »nicht normalen« bzw. nicht konformen Verhalten der Kundin ursächlich zugeschrieben wird, werden soziale und psychosoziale Aspekte nicht mitdiskutiert. Diesen haben Basaglia und sein Team mitberücksichtigt (ebd.).

Das heißt: Vielleicht sucht die Kundin ein Gespräch oder einen persönlichen Kontakt oder muss sich in einer Situation wieder neu orientieren, wobei ihr der Bankbesuch und das nette Gespräch mit der Beraterin erfahrungsgemäß helfen. Wenn die Bankmitarbeiterin solche sozialen Überlegungen, vielleicht im reflexiven Gespräch mit anderen Menschen, einbezieht, wäre der Begrifflichkeit »nicht normal« gegenübergestellt, dass das Verhalten aus der Perspektive der Kundin durchaus sinnvoll, unter bestimmten Bedingungen also »normal« ist. Diese »bestimmten Bedingungen« können die inneren isolierenden Einflüsse einer Demenz beinhalten, die bei vielen Menschen mit Momenten der Orientierungslosigkeit und dem Gefühl der Angst einhergehen. Äußere isolierende Bedingungen wären, dass oft kein »Wir-Raum« im Sinne des dritten Sozialraums (Dörner 2012, S. 43) existiert, in dem die Nachbarschaft und Gemeinde so organisiert ist, dass es nicht als ungewöhnlich oder abweichend definiert wird, in einer Bank wiederholt nach dem Kontostand eines nicht mehr bestehenden Kontos zu fragen bzw. auch andernorts von Menschen Unterstützung in Situationen der Orientierungslosigkeit zu bekommen. Vielleicht würde dann die Kundin in einer Sparkasse von einer Mitarbeiterin freundlich begrüßt und einen Platz angeboten bekommen, um in Ruhe (möglicherweise über angenommene Kontostände) miteinander zu sprechen: »Ein paar Minuten bewusst gesteuerte Aufmerksamkeit bietet der früheren Kundin eine gute Orientierung und verhindert Angstzustände« (Netzwerkstelle Lokale Allianzen für Menschen mit Demenz, o. J.).

Widersprüchlichkeiten oder gegensätzliche Standpunkte können ein Anstoß zur Diskussion im Team sein. Es eröffnen sich damit Spannungsfelder. Durch die Diskussion der Spannungsfelder ergeben sich übergeordnete Zusammenhänge und damit neue Perspektiven und Ideen für das eigene fachliche Handeln, auf die eine einzelne Fachkraft in ihren individuellen Überlegungen vielleicht gar nicht gekommen wäre.

Deutlich wird, dass sich durch eine Gegenüberstellung mehrere Perspektiven eröffnen, durch die etwas Neues entsteht.

Durch die dialektische Denkmethode wird es möglich, nicht der Verlockung leichter Lösungen nachzugeben, gerade wenn Zusammenhänge sehr komplex sind. Das Thema der Unterstützten Entscheidungsfindung ist so ein komplexes Thema. Es ist vielschichtig, dynamisch und von vielen Perspektiven beeinflusst, sowohl in der Theorie als auch in der Praxis. Gerade dann ist es sehr schwierig, der Verlockung leichter Lösungen zu widerstehen, »die Innen und Außen, Natur und Gesellschaft oder Emotionen und Kognitionen strikt voneinander trennen und dynamische Prozesse auf Zustandsbeschreibungen reduzieren« (Steffens 2020, S. 22).

Zustandsbeschreibungen werden schnell statisch und die beschriebenen Zustände scheinen wenig veränderbar. Eine Reduktion auf Zustandsbeschreibungen birgt das Risiko, Prozesshaftigkeit sowie Veränderungs- und Entwicklungsmöglichkeiten aus dem Blick zu verlieren. Möglichkeiten der Transformation von Zuständen, das heißt ihrer Überwindung und Veränderung, gehen verloren. Wer sich die Fragen stellt: »Wer ist fähig, in der Entscheidungsfindung unterstützt zu werden, und wer nicht?« oder »Wer ist mit Unterstützter Entscheidungsfindung überfordert?«, unterliegt letztendlich einer dualistischen Logik vermeintlich leichter Lösungen. Dann würde sich die Auseinandersetzung mit der Thematik der Unterstützten Entscheidungsfindung mit Voraussetzungen oder Merkmalen und Eigenschaften befassen, die von einer Person erwartet werden, die in ihren Entscheidungsfindungen von anderen Menschen unterstützt werden soll. Daher ist es wichtig, dass Unterstützte Entscheidungsfindung dieser Logik nicht unterliegt, denn: Jeder Mensch kann in der Entscheidungsfindung unterstützt werden! Es geht damit um Fragen, wie Möglichkeiten der individuellen Unterstützung eines Menschen bei Entscheidungsfindungen geschaffen werden können. Genau bei diesen Fragen kann es helfen, sich der dialektischen Denkmethode zu bedienen, da sich mit ihr nicht nur Zustände, sondern auch Prozesse beschreiben lassen.

---

Ein Denken in der Logik von Ursache und Wirkung sucht nach Bestätigung von Vorannahmen. Damit kann der Blick auf die Prozesshaftigkeit und auf mögliche Veränderungen von Zuständen verloren gehen.

---

Der Differenzierung, wer in der Entscheidungsfindung unterstützt werden kann und wer nicht, liegt eine normative Ordnung zugrunde. Diese Ordnung zeichnet sich durch die metonymische und damit teilnahmslose Vernunft aus.

Die Logik der metonymischen Vernunft ist dichotomisch. Das heißt, es gibt zwei Teile, die das Ganze bilden. Die Teile Mann versus Frau, wissenschaftliches Bewusstsein versus Alltagsbewusstsein, behindert versus nicht behindert, fähig zur Unterstützten Entscheidungsfindung versus nicht fähig zur Unterstützten Entscheidungsfindung könnten einer solchen Logik folgen. In dieser Logik der metonymischen Vernunft können die einzelnen Teile des Ganzen nicht außerhalb der Dichotomie gedacht werden (Aguiló Bonet 2013, S. 47).

Das Ordnungsprinzip scheint auch auf den ersten Blick ganz einfach. Auf den zweiten Blick sind jedoch beide Teile nicht symmetrisch: Es wird vielmehr »eine hierarchische Machtrelation, die einen der beiden Teile negativ betrifft«, verdeckt (ebd.). Der andere Teil ist damit selbstredend privilegiert. Ohne das Machtdifferenzial zu begreifen, durch das schließlich zwischen anerkennungswürdigen und nicht anerkennungswürdigen Individuen unterschieden wird (Butler 2010, S. 130), kann letztlich die Frage danach, wieso die eine Person unterstützt entscheidet und für die andere ersetzend entschieden wird, schwer schlüssig beantwortet werden.

Die Ordnung an sich stattet Menschen mit einer Behinderung oder einer psychiatrischen Diagnose mit weniger Macht aus als Menschen ohne eine Beeinträchtigung. Macht wird definiert als Chance, den eigenen Willen in einer sozialen Beziehung durchzusetzen, auch wenn er erst einmal nicht auf Zustimmung bei den anderen stößt (Weber 1980, S. 28). Am Pol der Ohnmacht lösen sich Chancen auf, in sozialen Beziehungen den eigenen Willen durchzusetzen. Bei binären Gegenüberstellungen wie »dement versus nicht dement« oder »behindert versus nicht behindert« geht es also immer auch »um widersprüchliche gesellschaftliche Relationen und hierarchische Ordnungen, in denen ein ›Oben‹ immer auch ein ›Unten‹ konstruiert« (Steffens 2022, S. 62).

Im dialektischen Widerspruch besteht ein Beziehungsmuster zwischen zwei Gegensätzen, die eine Einheit bilden, weil sie ineinanderwirken (ebd.). Beschrieben wird hier die dialektische Einheit von Macht und Ohnmacht. Ohnmächtig zu sein bedeutet, Angst zu haben und gleichzeitig nicht handeln zu können. Ein Mittel, diese Ohnmacht aufzulösen, wäre »das Feld der Macht« zu öffnen und damit Bewegung ins Spiel zu bringen, indem Kämpfe um die Verteilung von Macht und Anerkennung wieder ermöglicht werden. Im weiter unten (nächstes Kapitel) stehenden Beispiel von Wolfgang Jantzen (1999, S. 8) zur Situation von Herrn M. wird diese eher abstrakte Aussage noch einmal praxisnah nachvollziehbar und in ein Bild gebracht.

Die dialektische Einheit der Gegensätze von »Exklusion und Inklusion« lässt sich nicht abgekoppelt vom gesellschaftlichen Leben und von der Praxis beispielsweise in Institutionen der Eingliederungshilfe oder Pflege betrachten. Der Widerspruch hätte dann keine Bedeutung, weil sich erst in der Praxis zeigt, dass er wirkt (Lanwer 2015, S. 167 f.). Gleiches gilt für die gegensätzlichen Pole der ersetzenden Entscheidung und der Unterstützten Entscheidungsfindung. Beide realisieren sich in der Praxis und zeigen hier ihre Wirkung. Es gibt keine übernatürlichen Kräfte, die über Inklusion und Exklusion entscheiden. Vielmehr sind es die sozialen Akteur*innen, die hier »geschichtsmachend« sind (ebd., S. 164). Die Fachkräfte, die Menschen mit Behinderungen oder Unterstützungsbedarf begleiten, die rechtlichen Betreuer*innen, die für eine andere Person rechtswirksame Entscheidungen finden und treffen können, sind soziale Akteur*innen, die das Verhältnis zwischen ersetzender Entscheidung und Unterstützter Entscheidungsfindung in der Praxis verändern können. Sie können in ihrem Kontext Möglichkeitsräume erweitern und isolierende Bedingungen abbauen.

Rechtliche Betreuer*innen sowie andere Fachkräfte in der Eingliederungshilfe und im Gesundheitswesen haben die Wahl, die dort herrschenden Machtverhältnisse kritisch zu reflektieren, neu zu bestimmen oder aber zu erhalten.

Menschen mit einer Behinderung machen die Erfahrung, dass bei Angelegenheiten, die sie betreffen, über ihren Kopf hinweg von anderen entschieden wird (CRPD 2018). Damit machen sie unmittelbar Erfahrungen mit Dynamiken der Exklusion. Die Unterstützte Entscheidungsfindung trägt diesen Überlegungen Rechnung, um nicht in der eigenen Logik einen »harten Kern« (Jantzen 2003a, S. 70) zu (re-)produzieren. Der »harte Kern« würde diejenigen Menschen umfassen, bei denen jeder Versuch, sie in der Entscheidungsfindung zu unterstützen, angeblich hoffnungslos und zwecklos erscheint.

Die Kategorien »Exklusion« und »Inklusion« haben eine Doppelbedeutung, denn sie sind sowohl Zustands- als auch Prozesskategorien. Sie können als Denkwerkzeug genutzt werden, um Zustände und Prozesse zu beschreiben und zu erklären (Lanwer 2015, S. 161). Dies gilt ebenso für das Gegensatzpaar von Partizipation und Isolation (Lanwer 2011, S. 3). »Die Überwindung der Isolation stellt [...] die Voraussetzung der Partizipation dar« (ebd., S. 3; siehe dazu auch Jantzen 1976, 1987, 2022). Dies unterstreicht, dass die Überwindung *ersetzender Entscheidung* die Voraussetzung für die Verwirklichung *unterstützter Entscheidungsfindungsprozesse* ist.

# Ersetzende Entscheidung: Verengung von Möglichkeitsräumen und isolierende Bedingungen

*»Handle stets so, dass die Anzahl der Wahlmöglichkeiten größer wird!«*

*Heinz von Foerster (1985, S. 41)*

Als der Sprengstoffexperte Allan Karlsson an seinem hundertsten Geburtstag beschließt, aus dem Fenster des Altenheims zu steigen, in dem er wohnt, beginnt eine abenteuerliche und verwickelte Geschichte. Karlsson klettert aus dem Fenster nicht nur, um zur Bushaltestelle zu gehen, sondern auch, weil er noch etwas vom Leben haben will. Er sehnt sich nach etwas Neuem und hofft, dieser Sehnsucht näherzukommen, indem er die Entscheidung trifft, das Pflegeheim zu verlassen. Viele werden den Roman *Der Hundertjährige, der aus dem Fenster stieg und verschwand* von Jonas Jonasson (2017) kennen, der veranschaulicht, dass jede Entscheidung viele neue Entscheidungen nach sich zieht.

Durch Entscheidungen können neue Situationen und Bedingungen geschaffen werden, die sich ein Mensch im Moment der Entscheidung selbst gar nicht in aller Gänze ausmalen kann. Entscheidungen schaffen Möglichkeiten und Möglichkeiten wiederum erzeugen den Raum für Entscheidungsfindungsprozesse. Ein Möglichkeitsraum ist gleichzeitig ein Raum für Entscheidungsfindungen. Dieser Raum kann sich erweitern, wie bei Allan Karlsson nach seiner Entscheidung, das Altenheim zu verlassen, oder er kann sich verengen. Verengen würde er sich beispielsweise, wenn Menschen »sozusagen immobilisiert und in extrem wenigen Systemen (etwa im Wohnheim, in der Werkstatt für Behinderte) geradezu ›eingefroren‹« (Feuser 2010, S. 22) werden. Diese Systeme sind nicht selten durch Praxen fehlender »Anerkennung des Anderen als Meinesgleichen« (Jantzen 2005, S. 158) gekennzeichnet. Die von Wolfgang Jantzen formulierte »Anerkennung des Anderen als Meinesgleichen« meint die Anerkennung, dass die Geschichte des*der anderen auch meine eigene hätte sein können, hätte ich mich unter ähnlichen Bedingungen entwickelt. Sie meint außerdem, mich von meinem Gegenüber emotional berühren zu lassen.

Die Anerkennung der anderen Person als meinesgleichen ist Ausgangspunkt professionellen Handelns in der Begleitung und Unterstützung von Menschen bei der Entscheidungsfindung.

Durch die Anerkennung des Gegenübers als meinesgleichen können wir die Entscheidung eines anderen Menschen als für ihn sinnvoll nachempfinden und in sich logisch nachvollziehen. Dies auch, wenn sie für mich aus der Perspektive meiner Biografie erst einmal abwegig erscheint.

Grundlegend für ein solches Verständnis ist die Anerkennung, dass institutionalisierte und hospitalisierte Menschen Opfer von Gewalt sind (Jantzen 2003a, S. 56, 68). Sie müssen sich unter Bedingungen der Verdinglichung organisieren und entwickeln, die einhergehen mit Praxen fehlender Anerkennung. Es können daraus tertiäre Kompensationsstrategien isolierender Bedingungen aufseiten betroffener Menschen resultieren. Tertiäre Kompensationsstrategien sind Ausdruck eines gescheiterten Dialogs und eines Lernens und Entwickelns unter isolierenden Bedingungen. Sie helfen einem Menschen, besonders bedrohliche, schmerzhafte oder einsame Situationen aushalten zu können. Aus der Perspektive betreuender Personen können diese ungewöhnlich erscheinen, so wäre zum Beispiel selbstverletzendes Verhalten zu den tertiären Kompensationsstrategien zu zählen (Prosetzky 2007, S. 38).

Das folgende Beispiel zeigt, wie über den Dialog und die Öffnung des Feldes der Macht Möglichkeiten geschaffen werden können, um sich sekundäre Kompensationsstrategien anzueignen und damit einen Weg zu finden, weniger auf tertiäre Kompensationsstrategien zurückgreifen zu müssen (entnommen Jantzen 1999, S. 8):

> Der 32-jährige Herr M. ist Bewohner einer stationären Einrichtung der Behindertenhilfe. Er ist blind, regrediert häufiger in psychoseähnliche Zustände, durchbrochen von schweren (auto-)aggressiven Ausbrüchen. Blind zu sein kann als innere isolierende Bedingung verstanden werden und zugleich als eine individuelle Ausgangsbedingung, mit der Herr M. sich die Welt aneignet. Wenn noch hinzukommt, dass er wenig Ansprache durch die Mitarbeitenden hat oder sich die Inhalte des Miteinanders primär darauf beziehen, dass er Verhaltensweisen wie (auto-)aggressive Ausbrüche unterlässt, kann die Suche nach dem guten Grund, warum er sich verhält, wie er sich verhält, in den Hintergrund geraten. Herr M. entscheidet sich manchmal mehrmals täglich, baden zu wollen. Dem liegt sein Bedürfnis zugrunde, psychisch Gefühle von Sicherheit aufzubauen, Ohnmacht zu überwinden und Handlungsfähigkeit wiederzuerlangen. Es handelt sich demgemäß um eine Kompensationsstrategie und um eine Fähigkeit, sich mit seinen Möglichkeiten psychisch zu regulieren. Das Feld der Macht seitens der Mitarbeitenden der stationären Einrichtung zu öffnen hieße hier zum Beispiel, die Entscheidung Herrn M.s anzuerkennen, weil es für ihn einen guten Grund für diese Entscheidung gibt.

Bis zu elfmal am Tag badete Herr M. mit Unterstützung der Mitarbeitenden, er gewann seine Sicherheit zurück und gegenseitiges Vertrauen konnte aufgebaut werden. Damit wurden die Basis und der Raum geschaffen, sich andere sekundäre Kompensationsstrategien anzueignen, die vielleicht aus heutiger Sicht als klimaneutraler zu bezeichnen sind.

Sekundäre Kompensationsstrategien sind durch andere Menschen beeinflussbar und vermitteln sich daher über soziale Austauschprozesse (Prosetzky 2007, S. 37 f.). Indem Herr M. auf das Baden zurückgreift, um ein Gefühl von Sicherheit und Beruhigung herzustellen, greift er auf eine sekundäre Kompensationsstrategie zurück. Es kann davon ausgegangen werden, dass je reichhaltiger Teilhabemöglichkeiten sind, desto größer der Fonds an sekundären Kompensationsstrategien wird (ebd.). Vor dem Hintergrund der Anerkennung des Leids, aber auch der Entwicklung von Herrn M. zeigen sich die Mitarbeitenden solidarisch, indem sie seine Möglichkeiten der Kompensation isolierender Bedingungen akzeptieren und damit den Weg zur Aneignung weiterer sekundärer Kompensationsstrategien ebnen. Es ist davon auszugehen, dass sich Herr M. nicht selbst aus der Isolation befreien kann, vielmehr ist er auf den Dialog und die Kooperation mit anderen angewiesen, um sich weitere sekundäre Kompensationsstrategien anzueignen. Es handelt sich hier um »advokatorische Assistenz«, das heißt, ein »Handeln, das Menschen Möglichkeiten schaffen soll, alternativ handeln zu können, ohne zu bestimmen, wie sie zukünftig zu handeln haben, wenn sie dazu befähigt sind« (Feuser 2011a, S. 214).

Advokatorische Assistenz und die Anerkennung der anderen Person als meinesgleichen bedeuten im Kontext Unterstützter Entscheidungsfindung, sich als rechtliche*r Betreuer*in, Sozialarbeiter*in oder Pflegefachkraft nicht auf den Verweis zurückziehen zu können, jemand habe selbst bestimmt, nicht selbst entscheiden zu wollen.

Vielmehr gehört zur Unterstützten Entscheidungsfindung auch, immer wieder Möglichkeiten für andere zu eröffnen, eigene Entscheidungen zu finden, sodass Menschen wieder einen Sinn darin sehen und Lust bekommen, Entscheidungen zu fällen, und dies eben nicht an andere abgeben.

# Praxen fehlender Anerkennung des*der anderen und ersetzende Entscheidung

Empirische Studien aus unterschiedlichen Dekaden verdeutlichen Praxen fehlender Anerkennung des*der anderen als meinesgleichen und machen gleichzeitig deutlich, wie langsam sich Veränderung im Sinne der Realisierung von Teilhabe und Selbstbestimmung von Menschen mit Behinderungen oder psychiatrischen Diagnosen gestaltet. Zudem zeigt sich in der Literatur, dass die Feststellung im Absatz 4 aus den Allgemeinen Bemerkungen Nr. 7 zur UN-BRK über die Partizipation von Menschen mit Behinderung längst nicht neu ist.

Schon Erving Goffman (1973) zeigte in seinem Buch *Asyle. Über die soziale Situation psychiatrischer Patienten und anderer Insassen*, dass es unter den Kontextbedingungen einer »Totalen Institution« weniger darum geht, selbstbestimmt eigene Entscheidungen zu fällen, um Bedürfnisse zu befriedigen wie einen Schluck Wasser zu trinken oder Feuer für eine Zigarette zu erhalten (ebd., S. 32). Vielmehr geht es darum, sich an die Strukturen, Abläufe und Vorgaben der Einrichtung selbst, vertreten durch das Personal, anzupassen und zu unterwerfen, also gehorsam zu sein (ebd., S. 27). Goffman (ebd., S. 25 f.) spricht in diesem Zusammenhang auch vom »bürgerlichen Tod«, also dem Verlust von bzw. dem tiefen Bruch mit früheren Rollen eines Individuums, da die Menschen in Sondereinrichtungen oft gar nicht erst die Chance haben, sie auszufüllen.

Nach Roger J. Stancliffe (1991, S. 33) werden allein durch die Wohnform Entscheidungsräume determiniert, sind also davon abhängig, ob ein Mensch in einer stationären Einrichtung bzw. »besonderen Wohnform«, wie es heute genannt wird, lebt oder allein mit Assistenz. Die alltagsstrukturierenden Routinen und Regeln, die eine Wohnform organisieren, lassen einen mehr oder weniger großen Entscheidungsspielraum zu. Insgesamt zeigt sich in älteren Studien, dass je schwerer ein Mensch beeinträchtigt ist, desto weniger verfügt er über Wahlmöglichkeiten in seinen Alltagsentscheidungen (Kishi u. a. 1988, S. 434). Es kann empirisch gezeigt werden, dass je schwerer eine sogenannte geistige Behinderung bei einem Menschen vom Personal eingeschätzt wird, umso eher werden trivialisierende Methoden im Miteinander eingesetzt, so als seien die Menschen- und Bürgerrechte in besonderer Weise außer Kraft gesetzt (Jantzen 2010, S. 103).

In ihrer ethnologischen Studie »Fremde Welt Pflegeheim« beobachtet Ursula Koch-Straube (2003, S. 284), dass sich die Mitarbeitenden in Alltagsentscheidungen wie Sitzordnungen bei Gruppenaktivitäten keineswegs nur an den Vorlieben der Bewohner*innen orientieren, vielmehr wissen die Mitarbeiter*innen, »was ihnen [den Bewohner*innen] gut tut«. Viele Entscheidungen werden über ihre

Köpfe hinweg gefällt (ebd.). Die Bewohner*innen nehmen in ihrer Abhängigkeit und Anpassungsbereitschaft an die Bedingungen eines Altenpflegeheims die Entscheidungen des Personals hin, ausgedrückt durch Sätze wie: »Dann machen Sie es halt, wie Sie es meinen« (ebd., S. 285). Die Bewohner*innen verlernen allmählich, dass sie Situationen in die Hand nehmen, mitgestalten und kontrollieren könnten (ebd.).

Es sind oft Vergeblichkeitserfahrungen, die den Alltag in einem Heim prägen. Diese können Menschen durch einen »Pragmatismus des Sich-arrangiert-Habens« (Thiersch u. a. 2012, S. 177) besser ertragen. Vermutlich sind solche Erfahrungen auch der Motor für Menschen, die rechtliche Betreuung in Anspruch nehmen und wollen, dass ihre rechtlichen Betreuer*innen in ihrem Sinne entscheiden: »Die häufigste Ursache dafür, warum eine unterstützte Entscheidungsfindung nicht immer möglich ist, liegt gemäß der Einschätzung der Berufsbetreuer darin, dass Betreute wollen, dass die Betreuer in ihrem Sinne entscheiden [...]. 45 % der Befragten geben an, dass dies ›oft‹ oder sogar ›sehr oft (oder immer)‹ eine Ursache ist, wenn eine unterstützte Entscheidungsfindung nicht stattfindet« (BMJV 2018, S. 292). Hier spiegelt sich ein Machtgefälle zwischen Entscheidenden und denjenigen, die das Ergebnis der Entscheidung (schweigend) zur Kenntnis nehmen. »Schweigen« meint hier, nichts gegen die Ergebnisse von Entscheidungen anderer über einen selbst ausrichten zu können.

Diese vorgefundene Wirklichkeit erscheint sowohl denjenigen Menschen, die sich »pragmatisch arrangiert« haben, als auch denjenigen, die für andere entscheiden, als gegeben, natürlich und gerechtfertigt. Eine Person, über deren Kopf hinweg über ihre eigenen Belange entschieden wird, geht davon aus, nichts Wichtiges zu sagen zu haben. Dieses Gefühl wird unter Umständen noch gestärkt durch die anzunehmende Redegewandtheit des Gegenübers. In der subjektiven Schlussfolgerung scheinen eigene vermeintliche Unzulänglichkeiten eine logische Konsequenz schicksalhafter Minderwertigkeit, wie Jan Steffens (2022, S. 63) mit einem Verweis auf Paulo Freire schreibt: »Das Schweigen der Unterdrückten ist kein Resultat einer natürlichen Minderwertigkeit, wie dies im Verhältnis ›Unterdrücker-Unterdrückte‹ Glauben gemacht werden soll, sondern das Ergebnis eines kulturellen Feldes enthumanisierender Begegnungs- und Gesellschaftsformen, innerhalb derer die Unterdrückten sich nicht frei ausdrücken können (oder sollen).«

Christine Bigby und Kolleginnen (2019, S. 14) berichten in ihrer Studie, dass Mitarbeitende in Einrichtungen der Eingliederungshilfe zwar nicht unbedingt die Bezeichnung der Unterstützten Entscheidungsfindung im Rückbezug auf Artikel 12 der UN-BRK kennen, wohl aber ein Bewusstsein dafür entwickelt haben, dass Menschen mit Behinderungen das Recht haben, ihre eigenen Ent-scheidungen zu treffen. Gleichwohl gab es in dieser Untersuchung Hinweise darauf, dass auch die eigenen Interessen oder Werte der Mitarbeitenden aus-schlaggebend für eine Entscheidung sein können. Die Autorinnen (ebd., S. 6) schildern dies anhand eines Beispiels aus dem Alltag, in dem ein Mensch mit Behinderung im Supermarkt äußert, er habe Lust, »Baked Beans« auf Toast zu essen, woraufhin der Mitarbeiter, der keine Lust hat, sie zuzubereiten, kumpelhaft erwidert, sie würden sich stattdessen Spaghettis zubereiten: »[...] im Grunde genommen, ob es nun explizit ist oder nicht, trifft er [Dienstleistungsnutzer] keine Entscheidungen für sich selbst. Wenn er [im Supermarkt] sagt: ›Ich hätte gerne gebackene Bohnen auf Toast zum Tee‹ und der Betreuer keine Lust hat, sie zu kochen, sagt er: ›Keine Sorge, Kumpel, wir nehmen stattdessen Spaghetti‹« (eigene Übersetzung).

In diesem Fall bleibt offen, ob Spaghetti und gebackene Bohnen für die Person, die auf die Bohnen Appetit hat, als gleichwertig anzusehen sind. Entscheidungsfindungsprozesse sollten die Möglichkeit bieten, zwischen akzeptablen Möglichkeiten wählen zu können, sodass sie als selbstbestimmt gelten können (DeLoach u .a. 1983, S. 64, zitiert nach ISL o. J., o. S.).

Unterstützte Entscheidungsfindung lässt sich nicht auf das Aufzeigen verschiedener Handlungsoptionen begrenzen, sondern muss vielmehr die Eröffnung von Möglichkeiten der Teilhabe außerhalb »einfrierender Systeme« im Blick behalten.

Zu der Frage nach Umzugsentscheidungen bei älteren Menschen mit geistiger Behinderung in Pflegeeinrichtungen finden Friedrich Dieckmann und Kolleginnen (2019, S. 247) in ihrer Studie heraus, dass Wohnwünsche und Teilhabeinteressen von als geistig behindert eingestuften älteren Menschen von niemandem systematisch erhoben werden. Auch eine Einbeziehung in die Suche nach einer Wohnalternative zum Pflegeheim, bei der zum Beispiel lokale Angebote anderer Anbieter mitberücksichtigt werden, erfolgt kaum. Im Prozess der Entscheidung, in ein Pflegeheim zu ziehen, fühlen sich die Menschen mit Behinderung, die an der Befragung teilgenommen haben, selbst nicht als Entscheider*in. Sie fügten sich den Empfehlungen und Vorstellungen von Mitarbeitenden der Einrichtungen, in denen sie vor dem Umzug lebten, sowie den Empfehlungen und Vorstellungen der Angehörigen und rechtlichen Betreuer*innen (ebd., S. 246). Die Perspektive auf Teilhabe- und Wohnmöglichkeiten außerhalb »einfrierender Systeme« scheint nicht zu existieren.

Jana Offergeld (2021, S. 268) stellt in ihrer Untersuchung *Unterstützung der Selbstbestimmung oder fremdbestimmende Stellvertretung?* fest, dass viele der in der Studie befragten Personen die Erfahrung machten, dass ihre Präferenzen und ihr Wille von ihren Unterstützer*innen nicht als Richtschnur des Handelns wahrgenommen wurden. Zum Teil fühlten sie sich nicht in Entscheidungsprozesse einbezogen, dies sowohl in Bezug auf Angelegenheiten des täglichen Lebens als auch im Hinblick auf Entscheidungen zu medizinischen Eingriffen oder auf die Wahl der Wohnform. Auch diese Studie weist darauf hin, dass die interviewten Personen, die in einer stationären Einrichtung leben, häufig auch kleinere Entscheidungsmöglichkeiten von den Mitarbeitenden der besonderen Wohnform abgenommen bekommen (ebd., S. 269).

Die Wohnform hat Einfluss auf Möglichkeiten, selbstbestimmt Entscheidungen treffen zu können. In einer stationären Einrichtung zu leben ist für viele Menschen (ob mit oder ohne Beeinträchtigung) keine akzeptable Alternative zum Leben in der eigenen Wohnung (siehe dazu Peymann 2017; BMFSFJ 2019).

## Teilnahmslose Vernunft als Bedingung ersetzender Entscheidung

Ein Möglichkeitsraum würde sich erhalten oder verengen, wenn Ergebnisse einer Entscheidung vorhersehbar erscheinen. Bei der ersetzenden Entscheidung ist den Entscheidenden meist klar, zu welchem Ergebnis eine Entscheidung führen soll. Boaventura de Sousa Santos (2013, S. 35) spricht von der »prolepsischen« Vernunft, die das Handeln leitet und einen Modus der teilnahmslosen Vernunft darstellt. »Prolepsis« kann als Vorausblende definiert werden. Sie findet sich häufig in Romanen, in denen der Erzähler deutlich macht, dass er das Ende der Geschichte kennt (ebd.). Die Zukunft scheint klar und deutlich vorhersehbar und birgt keine Überraschungen, die nicht handhabbar erscheinen oder das anvisierte Ziel infrage stellen.

Vielen Menschen dürften Überlegungen vertraut sein, ob jemand alleinlebend in einer Wohnung zurechtkommen würde oder nicht. Manche Erziehungsberechtigte, die in das Zimmer ihrer Teenagerkinder schauen und auf scheinbar blankes Chaos blicken, in dem die Schultasche neben Pizzaresten, Wäsche und anderen Gegenständen des täglichen Gebrauchs liegt, mögen solche Gedankengänge kennen. Diese Überlegungen führen in der Regel jedoch nicht dazu, prognostisch vorwegzunehmen, das eigene Kind lebe nicht irgendwann eigenständig fernab des Kinderzimmers in der eigenen Wohnung, in einer

Wohngemeinschaft oder welcher Wohnform auch immer, für die es sich je nach Lebensphase entscheidet. Anders sieht dies bei Menschen aus, bei denen eine Demenz diagnostiziert wurde.

Christine Bryden, eine Demenzaktivistin und Fürsprecherin für Menschen mit Demenz aus Australien, spricht vom sogenannten Demenz-Skript: »1995 wurde mir das übliche Demenz-Skript mitgeteilt: ›In etwa fünf Jahren sind Sie dement und nach weiteren drei Jahren im Pflegeheim tot‹« (Bryden 2017, S. 50). Heute haben sich weitere Optionen zum Pflegeheim entwickelt. Unter dem Titel »Wohnen 6.0 – mehr Demokratie in der (institutionellen) Langzeitpflege« (Kremer-Preiß 2021) soll sinnvollerweise die gesamtgesellschaftliche Diskussion um das Leben und Wohnen im Alter(n) angeregt werden. In Anlehnung an Christine Bryden ist dabei eine Frage zentral: Ist im Kern der Initiativen eine gleichberechtigte Teilhabe aller am gesellschaftlichen Leben gemeint oder wird der Betreuungsaspekt in den Mittelpunkt gestellt, weil latent die Ansicht vorherrscht, »dass Menschen mit Demenz nichts verstehen, nichts können und entscheidungsunfähig sind« (Bryden 2017, S. 29)?

Interessanterweise laufen gängige Argumentationsmuster in der »Demenz-Selbstbestimmungsdiskussion« unabhängig von der Ausgangsthese darauf hinaus, eine Person mit kognitiver Störung habe kein Recht auf Selbstbestimmung (Rippe 2016, zitiert nach Wißmann 2016, S. 38). Relevante Aspekte wie Selbstgefährdung oder die Urteilsfähigkeit werden durch Dritte bestimmt, nicht durch die Person mit Demenz selbst. »Es geht daher niemals wirklich um Selbstbestimmung« (ebd.). Vielmehr scheint es in der Praxis schwer vorstellbar, dass Menschen mit einer Demenz Selbstbestimmungsrechte ausüben. Stellvertretendes Handeln und damit das Entscheiden für Menschen mit Demenz wird kaum hinterfragt und scheint selbstverständlich (ebd., S. 37).

Bryden (2017, S. 24 f.) spricht von der Demenzlüge, die besagt, dass es ihr immer schlechter gehen würde und es für sie keine Hoffnung gebe. Diese klischeehaften Vorstellungen über den Verlauf einer Demenzerkrankung haben zunächst bewirkt, dass ihre Familie sich mit der »Betreuerrolle« identifizierte. Bryden selbst fühlte sich durch die Fürsorge der Familie allerdings erdrückt. Hinzu kam die Veränderung der Beziehung zu anderen Menschen: »Wir werden von früheren Arbeitskollegen gemieden, unsere Freunde fühlen sich in unserer Gegenwart befangen, weil das Bild der Unperson – die klischeehaften Vorstellungen von der leeren Hülle – ihren Blick verstellt. Das Stigma ist ein auf Missverständnissen beruhender unsichtbarer Schleier, der unser Potenzial verhüllt und uns von der normalen Gesellschaft trennt. Die Angst ist für Menschen mit der Diagnose Demenz das Schlimmste. Wir haben Angst, den klischeehaften Vorstellungen zu entsprechen und zu einer leeren Hülle zu werden« (ebd.,

S. 104). Damit wird eine Dynamik zunehmender Isolation in Gang gesetzt, die wiederum verhindert, wirklich jene Unterstützung zu bekommen, die gebraucht wird, um den Abbau kognitiver Fähigkeiten und den verlorenen Platz in der Gesellschaft zu verkraften (ebd., S. 135). Menschen mit einer Demenzerkrankung werden als Einzelpersonen unsichtbar, weil davon ausgegangen wird, alle demenziell erkrankten Menschen seien gleich (ebd., S. 85).

Unsichtbar zu werden, indem ein Mensch nicht mehr als gleichwertiger Interaktionspartner von anderen Menschen angesehen wird, bezeichnet Wolfgang Jantzen (2015a, S. 248) als »narrative Exklusion«.

Narrative Exklusion wird sozial konstruiert. Sie wird von uns hergestellt, wenn wir den anderen nicht mehr zuhören, weil wir davon ausgehen, sie hätten nichts zu sagen, was ein Gespräch für uns bereichern könnte. Gleiches gilt auch für Abwägungsprozesse in Entscheidungsfindungen.

Entscheidungsfindungen sind kommunikative Prozesse, die beispielsweise zwischen Betreuenden und Betreuten gemeinsam vollzogen werden, wie Ina Pick (2019, S. 137) in ihrer Untersuchung zur Kommunikation in der rechtlichen Betreuung zeigt. Diese Prozesse setzen weit vor ihrem Ergebnis (der Entscheidung als solcher) an (ebd.; Tolle & Stoy 2020, S. 235).

Geleitet von prolepsischer Vernunft als einer Ausdrucksform teilnahmsloser Vernunft wird ein anderer Mensch nicht mehr als »meinesgleichen« anerkannt. Christine Bryden beschreibt als wirksame Möglichkeit, um Menschen als Einzelpersonen sichtbar zu machen, sie an allen Aktivitäten teilhaben zu lassen: »Wenn wir als Einzelperson sichtbar werden, nimmt man zuerst den Menschen und nicht die Beeinträchtigung wahr. Das, was unserem Leben seinen individuellen Sinn und Zweck verleiht, wird offenbart« (Bryden 2017, S. 85). Über die Teilhabe können gemeinsam geteilte Erfahrungen gesammelt werden und eine gemeinsame Erzählung wird wieder möglich. Durch die Wiederaufnahme der Narration als Ansatzpunkt jeglicher Inklusion bekommen die Ausgegrenzten wieder einen Namen und werden als Einzelperson sichtbar (Jantzen & Steffens 2014, S. 52).

# Unterstützte Entscheidungsfindung als Erweiterung von Möglichkeitsräumen

*»Wir brauchen keine Alternative, wir brauchen
ein alternatives Denken der Alternativen.«*

Boaventura de Sousa Santos (2013, S. 31)

Unterstützte Entscheidungsfindung bedeutet sowohl die Erweiterung von Möglichkeitsräumen als auch den Abbau isolierender Bedingungen. Doch was kann unter Möglichkeitsräumen verstanden werden? Was hat die Unterstützte Entscheidungsfindung damit zu tun?

In einem Möglichkeitsraum wird sichtbar, was wir aufgrund unserer Erfahrung aktuell beobachten und erkennen können. Daneben gehört zum Möglichkeitsraum alles, was unserer Erkenntnis und Beobachtung noch nicht zugänglich ist. Das Sammeln neuer Erfahrungen ist abhängig von den Lebensumständen, und Erfahrungen beeinflussen unser gegenwärtiges Handeln und damit den Raum, in dem wir uns bewegen. Der individuelle Möglichkeitsraum ist nicht »vom Himmel gefallen«, er kontextualisiert und realisiert sich auf der einen Seite in gesellschaftlichen Strukturen und Verhältnissen, auf der anderen Seite ist die Dynamik des individuellen Möglichkeitsraumes abhängig von der Qualität des Austausches mit anderen Menschen, also unserer sozialen Umgebung. Damit kann sich ein Möglichkeitsraum erweitern oder auch verengen. Je nachdem, wie die Dynamik des Möglichkeitsraumes sich gestaltet, nehmen Auswahlmöglichkeiten, zwischen denen entschieden werden kann, zu oder ab.

Möglichkeitsräume konstituieren sich durch *Differenz*, da Menschen mit unterschiedlichen Biografien in Beziehung zueinander treten, sowie durch die Gewährung symbolischen Kapitals. Mit der Gewährung symbolischen Kapitals ist gemeint, ebenso von der eigenen Lernfähigkeit auszugehen wie davon, dass der*die andere fähig zum Lernen ist und damit zur Veränderung (Feuser 2011b, S. 4). Weitere Konstituenten des Möglichkeitsraumes sind *Anerkennung*, die *Fähigkeit, Macht abzugeben* (also das Feld der Macht zu öffnen), und *Teilhabe* (Feuser 2010, S. 30; Jantzen 1999, S. 7).

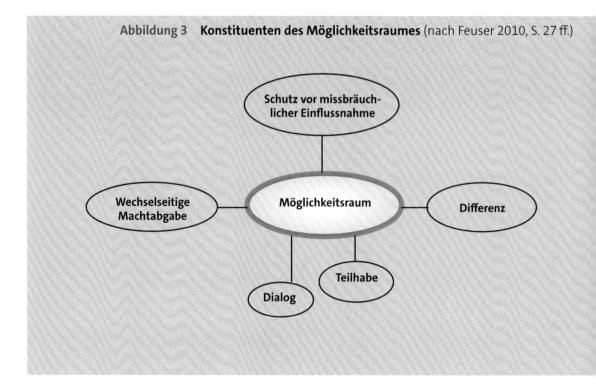

Abbildung 3    **Konstituenten des Möglichkeitsraumes** (nach Feuser 2010, S. 27 ff.)

# Der »Blick über den Tellerrand«

In einem Möglichkeitsraum kann das, was »uns erkenntnismäßig zugänglich ist, möglich werden und sich ereignen« (Feuser 2010, S. 27). Alles, was außerhalb des Möglichkeitsraumes liegt, ist unserer Beobachtung und Erkenntnis entzogen (ebd.). Anders ausgedrückt, handelt es sich um einen Raum der Unmöglichkeiten. Dabei gibt es jedoch die Chance, auch diesen noch nicht sichtbaren und unbekannten Bereich der aktuellen »Unmöglichkeiten« zu entdecken: beispielsweise indem Menschen über den »eigenen Tellerrand« hinausblicken und sich neue Erkenntnisse aneignen. Auch durch den Mut, neue Erkenntnisse in die eigene Praxis einfließen zu lassen, kann sich der eigene Erfahrungshorizont und damit der Möglichkeitsraum erweitern.

Der Angelpunkt für die Erweiterung von Möglichkeitsräumen ist die reflektierte und kritische Praxis.

Ein kritischer Blick auf die Praxis ist wichtig, um nicht in Sackgassen zu geraten, indem Problematiken verschleiert werden, die überwunden geglaubt zu sein schienen (Basaglia 1981, S. 12; Jantzen 1996, S. 260).

Eine Sackgasse aufseiten der Helfenden wäre zum Beispiel, wenn Probleme, die Fachkräften in der Praxis begegnen, rein emotional angegangen würden, ohne die (gesellschaftlichen) Strukturen mit zu berücksichtigen, denn erst diese bringen bestimmte Situationen hervor: So kennen viele Fachkräfte, die in der Eingliederungshilfe, Pflege oder der rechtlichen Betreuung tätig sind, die Situation, mit zu wenig Zeit zu vielen Aufgaben nachkommen zu müssen. Vielleicht sind Stellen unbesetzt oder Kolleg*innen krank. Rechtliche Betreuer*innen berichten in der Studie zur Qualität in der rechtlichen Betreuung, zu wenig Zeit zu haben, um Menschen in ihrer Entscheidungsfindung unterstützen zu können (BMJV 2018, S. 292).

So sollte stets ein kritischer »Blick für die realen Möglichkeiten der eigenen Praxis« (Jantzen 1996, S. 260) eingenommen werden können. Ansonsten wird die Verführung groß, zu einer verengten Logik von Ursache und Wirkung zu greifen, um einerseits das erklären zu können, was helfend Tätige in der beruflichen Praxis erleben, andererseits schützen sich Fachkräfte damit selbst vor unangenehmen Gefühlen. Zu diesem Erleben kann gehören, das Verhalten der anderen Person »beim besten Willen« momentan nicht zu verstehen. Es kann auch sein, sich gekränkt oder enttäuscht zu fühlen, weil die eigene emotionale Zuwendung vom Gegenüber anders als erhofft beantwortet wird. Was löst es in einer betreuenden Person aus, wenn Menschen, die rechtliche Betreuung in Anspruch nehmen, das Gespräch (eher) ablehnen? Ist damit ein Grund gegeben, dass keine Unterstützte Entscheidungsfindung stattfinden kann (siehe dazu BMJV 2018, S. 292)?

Durch eine unreflektierte emotionale Befangenheit kann sich ein Möglichkeitsraum verengen und der Blick über den Tellerrand wird unter Umständen erheblich erschwert. Ohne eine kritisch-reflexive Auseinandersetzung mit dem Erleben eigener Vergeblichkeitserfahrung, die Menschen, die durch rechtliche Betreuer*innen, Sozialarbeiter*innen oder Pflegefachkräfte begleitet werden, ebenso erfahren, ist ein Nährboden für die »machtlose Vernunft« geschaffen. Diese »machtlose Vernunft« ist eine Form der teilnahmslosen Vernunft. Sie ist resignierten Charakters, weil sie den Eindruck bündelt, gegen äußere Gegebenheiten oder vermeintliche Notwendigkeiten nichts ausrichten zu können. Menschen werden hilflos und handlungsunfähig (Aguiló Bonet 2013, S. 46, 48), sie machen die Erfahrung, letztendlich allein dazustehen, weil sich niemand mit ihnen solidarisiert bzw. sie als seinesgleichen anerkennt.

Eine Erweiterung des Möglichkeitsraumes durch das Gewinnen neuer Erkenntnisse und Erfahrungen kann anhand sich verändernder Teilhabemöglichkeiten von Menschen mit Behinderung im Bereich des Wohnens verdeutlicht werden. Mit diesem Wandel wird gleichzeitig ein Zuwachs an Entscheidungsmöglichkeiten auf den Weg gebracht: In einer wissenschaftlichen Expertise zum Wandel der Wohnformen für Menschen mit geistiger Behinderung in der Zeit von 1958 bis 2018, die von Hans-Walter Schmuhl und Ulrike Winkler im Auftrag der Lebenshilfe erarbeitet wurde, wird Joachim Walter zitiert. Der Pfarrer und Psychologe beschreibt die Lebenssituation eines »durchschnittlichen Heimbewohners« im Jahre 1980 so:

> »Er lebt in geschlechtsgetrennten Gruppen bzw. Stationen – u. U. sogar in getrennten Frauen- und Männerhäusern – mit mehr als 16 anderen Behinderten zusammen, die oft auch mehrfachbehindert, epileptisch oder psychisch krank sind. Zu seinem Drei- oder Mehrbettzimmer hat er keinen Schlüssel, von einem Hausschlüssel ganz zu schweigen, den er sowieso nicht braucht, da er ja nur bis 20 Uhr Ausgang hat und dies nur dann allein und ohne Begleitung, falls er zu den wenigen Selbstständigen gehört. Er geht (deshalb?) normalerweise zwischen 20 und 21 Uhr zu Bett« (Walter 1980, S. 136 f., zitiert nach Lebenshilfe 2018, S. 14).

1980 war es beispielsweise auch bei Fachkräften der Sozialen Arbeit, der Medizin oder der Pflege vollkommen selbstverständlich, anzunehmen, Menschen mit sogenannter geistiger Behinderung seien am besten in einer speziellen Wohnform aufgehoben. Diese Annahme entsprach dem damaligen Beobachtungs- und Erkenntnisstand einer Zeit, in der die Psychiatrie-Enquete gerade mal fünf Jahre vorlag. Der »Bericht über die Lage der Psychiatrie in der Bundesrepublik Deutschland« empfahl nicht nur die Trennung der »Versorgung« von als geistig behindert geltenden Menschen und Menschen mit psychischen Erkrankungen, sondern auch den Aufbau eines eigenständigen Versorgungssystems mit pädagogischer Ausrichtung für Menschen, die als geistig behindert bezeichnet wurden.

Im Rückblick betrachtet kann der damalige Beobachtungs- und Erkenntnisstand durchaus als eine Weiterentwicklung des vorherigen verstanden werden, weil behinderte Menschen vor der Psychiatriereform oft in Psychiatrien oder Alten- und Pflegeheimen lebten. Die Lebensverhältnisse waren für die Menschen, die hier leben mussten, desolat und menschenunwürdig: »Das Leben in der Anstalt war geprägt von großen Schlafsälen, Gemeinschaftswaschräumen und -toiletten, spartanischer Einrichtung, dem Fehlen jeglicher Rückzugsmöglichkeit und Privatsphäre, von Tristesse und Langeweile, drangvoller Enge, Lärm und Aggression« (Lebenshilfe 2018, S. 7).

Wesentlich für die Weiterentwicklung und Veränderung der Lebensverhältnisse behinderter Menschen war der Blick über den eigenen Tellerrand hinaus. Die internationale Perspektive rückte stärker in das fachliche Blickfeld. Bedeutende Impulse kamen aus Italien, Großbritannien, Skandinavien und den USA. Zu erwähnen sei hier das dänische »Gesetz über die Fürsorge für geistig Behinderte und anders besonders Schwachbegabte« aus dem Jahre 1959. Das sogenannte Normalisierungsprinzip wurde im deutschen Diskurs aufgenommen und beispielsweise von der Lebenshilfe früh aufgegriffen (ebd., S. 10). Im Zuge der Psychiatrie-Enquete setzte Ende der 1970er-Jahre der Enthospitalisierungs- bzw. De-Institutionalisierungsprozess ein, Großeinrichtungen wurden verkleinert oder aufgelöst.

Die Möglichkeit, dass Menschen mit einer (geistigen) Behinderung in der eigenen Wohnung leben, wie viele andere Menschen auch, die als nicht geistig behindert gelten, war kaum vorstellbar und damit oft außerhalb des damaligen Beobachtungs- und Erkenntnisstandes. Dass ein »durchschnittlicher Heimbewohner« einer unserer »durchschnittlichen Nachbarn« sein bzw. werden könnte, wäre eher als ein Tabubruch aufgefasst worden, auf jeden Fall als ein »Bruch mit den Routinen« (dazu Berger & Luckmann 2013, S. 27). Damals wäre dies noch eine Überschreitung der Grenze zum Raum der Unmöglichkeiten gewesen. Mit der Enthospitalisierung und De-Institutionalisierung wurden seit den 1980er-Jahren verstärkt Alternativen zum Leben in der Anstalt, zum Beispiel ambulant betreute Wohngruppen, entwickelt (Lebenshilfe 2018, S. 47). Allerdings bedeutet die Ausdifferenzierung der Wohnformen auch bis heute nicht, dass es keine stationären Einrichtungen mehr gibt.

Stationäre Einrichtungen der Eingliederungshilfe als spezielle Wohnform werden mit dem BTHG heute als »besondere Wohnform« bezeichnet (Kruse & Tenbergen 2019, S. 1). Diese Bezeichnung soll zum Ausdruck bringen, dass sie eher den Ausnahme- als den Regelfall von Wohnmöglichkeiten für Menschen mit einer Behinderung darstellt, eben »besonders« ist. Diese Menschen haben das Recht, wie jeder andere Mensch auch, selbst zu entscheiden, mit wem, wie oder wo sie wohnen und leben wollen (Artikel 19 UN-BRK). Damit hat sich der Möglichkeitsraum im Bereich Wohnen für viele Menschen deutlich erweitert: Was 1980 und in den Jahren davor in Fachkreisen und bei potenziellen Nachbar*innen kaum vorstellbar und der Beobachtung und Erkenntnis noch weitgehend entzogen war, soll heute zunehmend Lebensrealität werden. Schon 2010 berichten die befragten Personen, die an der »Berliner Kundenstudie« (Seifert 2010, S. 29) teilgenommen haben, dass sie das Leben in der eigenen Wohnung gegenüber dem Wohnen in Wohngemeinschaften oder Wohnheimen bevorzugten. Damit formulieren sie eine »Präferenz«, die ihrem »Wohl« aus der

Perspektive der Eltern, die an der Studie teilgenommen haben, entgegenstehen kann: Befragte Eltern präferieren eher gemeinschaftliche Wohnformen mit individueller Unterstützung bzw. in Einzelfällen auch das Heim (ebd., S. 30), woran deutlich wird, wie wichtig und notwendig die Schaffung von Möglichkeiten zur Unterstützten Entscheidungsfindung wird. In einer ersetzenden Entscheidung würde eher den Präferenzen der Eltern gefolgt.

Welche Möglichkeiten einem Menschen erschlossen werden, bedingt sich aus gesellschaftlichen Verhältnissen, die auf die Einzelnen durch ihre Lebensumstände wirken. Diese können die persönliche Entwicklung fördern oder eben hemmen, genauso wie sie Entscheidungsräume und -möglichkeiten erweitern oder verengen.

## Lebensperspektiven und Entscheidungsmöglichkeiten

Die Entwicklungsbedingungen, die Einfluss auf die Entwicklungsmöglichkeiten nehmen, können in die äußeren Randbedingungen und die individuellen Ausgangsbedingungen unterschieden werden. Beide stehen in Wechselwirkung zueinander (Lanwer 2006, S. 47). Ein Kind mit Trisomie 21 entwickelt sich beispielsweise unter den inneren Ausgangsbedingungen einer verlangsamten Informationsaufnahme, -verarbeitung und -speicherung. Wenn die äußeren Randbedingungen, also die soziale Wirklichkeit oder Kooperationsbedingungen des Kindes, ihm nicht so begegnen, dass diese inneren Ausgangsbedingungen im Austausch berücksichtigt werden, muss das Kind seine Persönlichkeit unter erschwerten Bedingungen entwickeln: »Vermutlich wird sich dieses Kind nur in einem reduzierten Maße ein Handlungsrepertoire erschließen, so dass es sich in der Folge in der Auseinandersetzung mit seiner Wirklichkeit nur eingeschränkt erfolgreich handelnd erlebt« (ebd., S. 32). Das Kind lernt, den Misserfolg zu antizipieren.

In den 1980er-Jahren lag es eher außerhalb der Beobachtung und Erkenntnis, dass jemand, der sich unter den inneren Ausgangsvoraussetzungen einer Trisomie 21 entwickelt, einen Universitätsabschluss macht, Schauspieler oder Autor wie Pablo Pineda wird. Eine solche Lebensperspektive behinderter Menschen war gesellschaftlich nicht vorgesehen. Das hat sich bis heute gewandelt, inzwischen gibt es mehrere Akademiker*innen mit Trisomie 21, wenngleich eine solche Lebensperspektive, umgesetzt in einem individuellen Lebensplan, immer noch eine Ausnahme darstellt. Unterstützt wird diese Annahme allein dadurch, dass die Geschichte Pablo Pinedas hier erwähnenswert erscheint.

Pablo Pineda, der eine Regelschule besuchte, sagt 2010 in einem Interview mit Steffen Arora auf die Frage, ob er das Argument nachvollziehen könne, behinderte Kinder seien mit ihren besonderen Bedürfnissen besser in einer Sonderschule aufgehoben, Folgendes:

> »Das stimmt einfach nicht. Es ist für Menschen mit Beeinträchtigung nicht besser, in gesonderte Schulen zu gehen. Diese Trennung dient doch allein dazu, diese Institutionen zu rechtfertigen. Den Betroffenen bringt das jedoch gar nichts. Ganz im Gegenteil: Für die Betroffenen ist es besser, wenn sie mit den anderen Leuten zusammen sind. Denn genau durch diesen Kontakt lernen sie. Menschen lernen nicht durch das Alleinsein, wir lernen vor allem durch, von und mit allen anderen. All die Erfahrungen, die ich in meiner Kindheit und Jugend machen durfte, habe ich nur der öffentlichen Schule zu verdanken. Durch das integrative Modell verändert und entwickelt man sich einfach mehr und besser. Es wäre außerdem total langweilig, wenn man den ganzen Tag nur die Gesichter anderer Menschen mit Down-Syndrom sähe. Die Mischung macht es aus. Denn alle, egal, ob mit oder ohne Down-Syndrom, lernen letzten Endes voneinander« (Pineda, zitiert nach Arora 2010, o. S.).

Menschen lernen im Austausch voneinander und miteinander, wie Pineda betont.

Die Qualität des Austausches ist ein weiteres Moment des Möglichkeitsraumes, den ein Mensch mit anderen Menschen realisieren kann. Von dieser Qualität hängt ab, was wir voneinander und miteinander lernen, ob wir sozial und kulturell teilhaben können.

Wird die Teilhabe begrenzt oder wird etwas vorenthalten und damit ein Mensch isoliert oder unsichtbar gemacht, dann versucht er diese Bedingungen zu kompensieren.

Solche tertiären Kompensationen im Sinne eines Rückzugs auf sich selbst sind stereotype, selbstverletzende oder destruktive Handlungen wie auch eine scheinbar mangelnde Ansprechbarkeit einer Person (Feuser 2010, S. 28). Dabei kann es sich um Reaktionen handeln, die wir von außen betrachtet als nicht nachvollziehbar oder »kontraproduktiv« bewerten. Beispiele dafür wären, wenn sich eine Klientin entscheidet, trotz überzogenem Konto weiter Onlineeinkäufe zu tätigen oder dem Arbeitsplatz immer mal wieder fernzubleiben, ohne sich beim Arbeitgeber arbeitsunfähig zu melden. Ein anderes Beispiel wäre, dass sich eine rechtlich betreute Person entscheidet, die von der Psychiaterin verschriebenen Medikamente abzusetzen.

Die Entwicklung eines Menschen ist relational zu verstehen. Damit kommt ein letzter Aspekt zum Verständnis eines Möglichkeitsraumes zum Ausdruck: die Wechselwirkung. Menschen sind soziale Wesen und entwickeln sich durch Wechselbeziehungen zu anderen Menschen und dem, was ihnen ermöglicht wird. Ein Möglichkeitsraum kann sich sowohl entfalten und dadurch größer werden, weil sich neue Handlungsoptionen eröffnen, als auch verengen, indem Gestaltungsfreiheiten eines Menschen eingegrenzt werden bis hin zu der Erfahrung: »Ich habe keine Wahl.«

Wenn über den Kopf eines Menschen hinweg in seinen persönlichen Angelegenheiten entschieden wird, führt das genau zu dieser Erfahrung. Außerdem werden durch ein solches Handeln isolierende Bedingungen erhalten oder aufgebaut.

## Unterstützte Entscheidungsfindung als Abbau isolierender Bedingungen

*»Eine Person ist nicht etwas, sondern jemand.«*

*Enrique Dussel (1989, S. 55, zitiert nach Jantzen 2019, S. 325)*

Schon Mitte der 1970er-Jahre führte Wolfgang Jantzen die Analysekategorie »Isolation« in die behindertenpädagogische Diskussion ein (Jantzen 1976, S. 21 f.). »Isolation bezieht sich auf den Ausschluß von gattungsnormalen Lebensbedingungen und sozialen Beziehungen, im Gegensatz zum Begriff der Partizipation, welcher im Allgemeinen die Teilnahme an solchen Lebensbedingungen und Beziehungen bezeichnet«, formuliert er (Jantzen 1990/2022, S. 9).

Isolierende Bedingungen gefährden den Austausch zwischen einem Individuum und seiner Umwelt. Damit nehmen sie unmittelbar Einfluss auf die Dynamik und Gestaltung von Möglichkeitsräumen und Entscheidungsfindungen. Zentrale Strukturen, die den Aufbau von Autonomie und Selbstbestimmung verhindern, sind Exklusion und Paternalismus (Jantzen 2015b, S. 49). Paternalismus kann sich über den erhobenen Anspruch der herrschenden Gruppe definieren, die Interessen derjenigen, die zur Gruppe der Benachteiligten gehören, besser zu verstehen als diese selbst. Hinzu kommt eine Haltung der moralischen Überlegenheit gegenüber der Gruppe benachteiligter Menschen, wodurch der Anspruch legitimiert wird, letzte Entscheidungsgewalt über die vermeintlich wirklichen (oder besseren) Interessen der anderen auszuüben (dazu auch Jackman 1996, S. 18, zitiert nach Jantzen 2001, S. 6). Diese Erfahrung machen viele Menschen mit Behinderung oder einer psychiatrischen Diagnose häufig, vielleicht sogar mehrmals täglich. Gegen die Entscheidung der mächtigeren Person haben sie kaum Mittel in der Hand, um sie zu revidieren.

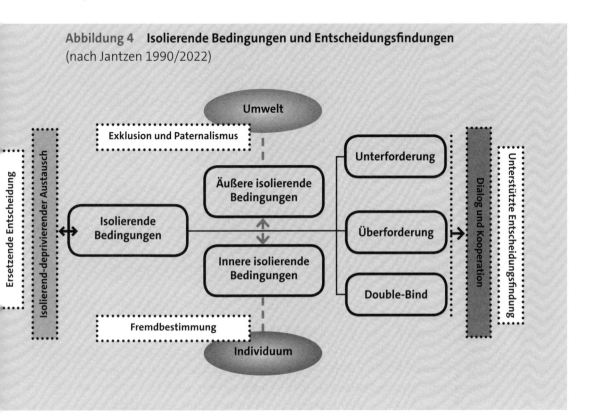

**Abbildung 4    Isolierende Bedingungen und Entscheidungsfindungen** (nach Jantzen 1990/2022)

Aus der Abbildung geht hervor, dass ersetzende Entscheidungen eher mit einem isolierend-deprivierenden Austausch zwischen Menschen einhergehen. Demgegenüber erfordert eine Unterstützte Entscheidungsfindung den Dialog und die Kooperation zwischen Menschen. Isolierende Bedingungen gliedern sich in äußere und innere Bedingungen sowie in ein Erleben von Unterforderung, Überforderung oder Double-Bind-Situationen. Dies wiederum kann auf der Ebene der individuellen Erfahrung bewirken, weniger selbstbestimmt als vielmehr fremdbestimmt handeln zu müssen. Dynamiken und Praktiken von Exklusion und eine paternalistische Haltung äußern sich in einer Einschränkung der Austauschprozesse zwischen Individuum und Umwelt und können von einem Menschen auf der psychischen Ebene als Isolation reproduziert werden. Das Entstehen von Isolation liegt also in den gesellschaftlichen Verhältnissen und Bedingungen, die Wirkung zeigt sich jedoch individuell (Lanwer 2002, S. 61).

## Teilhabe und Selbstbestimmung in Bezug zum Paternalismus

Raúl Krauthausen (2018), Aktivist für Inklusion und Barrierefreiheit, nimmt Exklusion und Paternalismus kritisch in den Blick. Dem zugrunde liegt unter anderem die Idee eines »Heimexperiments«, die von der Aktionsplattform »AbilityWatch« entwickelt wurde:

   Krauthausen zieht in die Kurzzeitpflege. Er verfügt über eine versteckte Kamera. Gleich am ersten Tag wird er mit den Regeln der Einrichtung vertraut gemacht. Falls er zum Beispiel einen Joghurt aus dem Kühlschrank essen möchte, müsse er fragen, da der Kühlschrank abgeschlossen sei, weil ein anderer Heimbewohner zu viel essen würde. Am nächsten Morgen möchte Krauthausen duschen: »Welcher Pfleger mich duscht, scheine ich nicht entscheiden zu dürfen ...« (Krauthausen 2016, o. S.). Er hat es nicht entschieden. Mit der nicht thematisierten, aber möglichen Absicht, das Beste für ihn zu wollen, wurde »das Beste« für ihn von den Mitarbeitenden entschieden, nämlich wer ihn am besten duscht. Vermutlich wird diese Entscheidung auch das Beste für die Mitarbeitenden gewesen sein.

Diese Situation bezeichnet einen Ausschluss aus den sogenannten gattungsnormalen Lebensbedingungen, von denen Wolfgang Jantzen (2022, S. 9) schreibt. Auch ist sie ein Beispiel für eine ersetzende Entscheidung. In der Regel haben Menschen unserer Gesellschaft ihre Kühlschränke im Privathaushalt nicht abgeschlossen. Sollte dies doch der Fall sein, vielleicht weil kleine Kinder in der Wohnung leben oder Haustiere gelernt haben, den Kühlschrank zu öffnen (und nicht wieder zu schließen), besitzen wir den Schlüssel (also die Möglichkeit und Macht), um uns, wann auch immer wir möchten und ohne eine andere Person fragen zu müssen, etwas aus dem Kühlschrank herauszunehmen. Ähnlich verhält es sich mit dem Duschen, auch hier entscheiden wir in der Regel selbst, wer uns dabei Gesellschaft leistet.

Paternalismus ist vom lateinischen Wort »pater« (Vater) abgeleitet und bedeutet auf der Ebene des Agierens »wie ein Vater aufzutreten« oder eine andere Person entsprechend zu behandeln, als sei sie unmündig (Jantzen 2011, S. 210). Dabei ist wesentlich, dass Eingriffe und Entscheidungen für andere allein daraus begründet werden, dass es einer Person durch handelndes Eingreifen (oder des Unterlassens des Eingreifens) aus der Perspektive der Entscheidenden besser geht oder sie weniger geschädigt werden soll. Faktum ist jedoch, dass der Mensch, über den entschieden wird, es vorziehen würde, nicht so behandelt zu werden (Dworkin 2005, zitiert nach Jantzen 2011, S. 210 f.).

Den Wunsch, über oder für jemanden zu entscheiden, kennen wahrscheinlich viele Menschen. Dahinter steht meist die beste Absicht oder die Hoffnung, eine Person vor schmerzhaften oder unangenehmen Erfahrungen schützen zu können. Das Lernen durch eigene Erfahrung kann durchaus manchmal schmerzhaft sein, gleichzeitig birgt es aber auch die Chance, sich zu entwickeln und den eigenen Möglichkeitsraum zu erweitern.

Wird der Raum, selbst entscheiden zu können, genommen, dann entwickelt sich ein Mensch unter isolierenden Bedingungen, weil seine Bedürfnisse und Absichten für Entscheidungsfindungen gegenüber den Bedürfnissen und Absichten anderer im sozialen Kontakt eine untergeordnete Rolle spielen.

Isolation kann im alltäglichen Verständnis als ein Minimum an sozialen Kontakten begriffen werden, über die ein Mensch verfügt (Jantzen 2022, S. 9). Mit der Coronapandemie ist dies schlagartig für uns alle Realität geworden, in besonderem Maße jedoch für Menschen, die in stationären Altenpflegeeinrichtungen oder besonderen Wohnformen leben. Anne Stein beschreibt diese Realität sehr eindrucksvoll am Beispiel der Situation ihrer Mutter, die in einem Seniorenheim lebte:

> »Im März 2020 dann die plötzliche drastische und komplette Veränderung in ihrem Leben dort: die pandemiebedingte völlige Abschottung vom ›Draußen‹, und also von allen vertrauten sozialen Bezügen, auf die sie sich immer orientiert hatte. Telefonieren war zu schwierig, Internetverbindung gab es in dem Seniorenheim keine, nur einen Laptop für das ganze Haus, über den ein Kontakt möglich gewesen wäre, was aber völlig unrealistisch war, da es nur für ein paar Stunden überhaupt und dann für Dienstbelange *und* möglicherweise Kontakte zur Verfügung stand« (Stein 2022, S. 29).

Offensichtlich ist hier der Austausch eines Individuums mit seiner Umwelt erschwert, er ist gefährdet. Der Möglichkeitsraum droht sich zu verkleinern, wenn Menschen nicht gemeinsam und kreativ nach neuen Wegen der Verständigung suchen.

Isolierende Bedingungen kommen unter solchen Lebensbedingungen zur Wirkung, wenn Angehörige beispielsweise vom Hof oder vom Fenster im zweiten Stock aus versuchen, in den Kontakt zu kommen, wie Anne Stein mit ihrer Mutter. Das war mühsam. Der Kontakt ließ sich kaum noch halten und die Mitarbeiter*innen der Senioreneinrichtung berichten, die Mutter sei ›»schlechter‹ geworden, dement und fantasiere viel« (Stein 2022, S. 30). Dieses Verhalten zeigt den Versuch ihrer Mutter, so Stein (ebd.), isolierende Bedingungen so zu gestalten, dass sie für sie psychisch aushaltbar wurden. Isolierende Bedingungen haben sich psychisch als Isolation reproduziert: Durch Fantasien, in denen sie sich zum Beispiel mit ihrem verstorbenen Ehemann unterhält, kann sie isolierende Bedingungen mit den ihr möglichen Mitteln kompensieren.

Ein solches Verständnis führt dazu, die beobachtbaren Verhaltensweisen nicht zu biologisieren oder zu pathologisieren, beispielsweise als Symptome einer kognitiven Störung oder Demenz. Dies hätte zur Folge, als Sozialarbeiter*in, Pflegefachkraft oder rechtliche*r Betreuer*in anzunehmen, keinen wirklichen Einfluss auf das Verhalten der anderen Person nehmen zu können, weil dies lediglich den Mitteln des medizinischen Faches vorbehalten wäre. Eine Deutung des Verhaltens als die Suche nach Nähe, Resonanz und Kontakt fällt wiederum in die Kompetenz der genannten Berufsgruppen. Frank Schulz-Nieswandt kritisiert das Vorgehen in vielen Pflegeheimen während der Coronapandemie. Um die Bewohner*innen vor einer Infektion zu schützen, galten zu der Zeit in stationären Einrichtungen strenge Besuchsverbote und Kontaktbeschränkungen. »Aus meiner Sicht hat Corona die Dichteform der Isolierung in gesteigerter Form auf die Spitze getrieben« (Schulz-Nieswandt 2021, S. 51).

In der Zeit der Pandemie haben viele Menschen in betreuten Wohnformen die Erfahrung gemacht: Ich habe keine Wahl, es wird ersetzend für mich entschieden. Der Raum der Möglichkeiten hatte sich verkleinert und es war gerade zu Anfang der Coronapandemie wenig Gelegenheit, »out of the box« zu denken und zu handeln. So war es nicht leicht, zu überlegen, wie soziale Kontakte aufrechterhalten und wie gleichzeitig Menschen vor Infektionen geschützt werden können. Chancen zur Selbstbestimmung haben sich reduziert in dem Maße, wie Verhältnisse nicht mitgestaltet werden konnten, es sei denn, Menschen sind aus der stationären Einrichtung ausgezogen. Hilf- bzw. machtlose Vernunft als ein Moment der teilnahmslosen Vernunft hat sich reproduziert.

Aus beruflichen Kontexten wären Umstände vergleichbar, in denen es keinen Besprechungsraum gibt, in dem ungestörte Gespräche geführt werden können, das Telefon im Büro während eines hier stattfindenden Gesprächs wiederholt klingelt oder Besprechungen »zwischen Tür und Angel«, vielleicht auch noch unter Zeitdruck, realisiert werden.

Von den sogenannten äußeren isolierenden Bedingungen können die inneren isolierenden Bedingungen unterschieden werden (Jantzen & von Salzen 1990, S. 46). Eine innere isolierende Bedingung, die die Informationsverarbeitung betrifft, kann an einem blinden Menschen verdeutlicht werden, wenn dieser sich in der Welt der Sehenden bewegt. Mithilfe der Brailleschrift kann er Bücher lesen oder mit einer Sprachausgabefunktion Informationen aus dem Internet entnehmen, wodurch die isolierende Bedingung aufgelöst wird, weil durch sie der Austausch mit der Umwelt nicht mehr gefährdet oder schlimmstenfalls vorenthalten wird. Sobald sich Informationen für einen blinden Menschen nicht mehr erschließen lassen, weil es keine Bücher in Brailleschrift oder Hörbücher oder andere technische Hilfsmittel gibt, führen äußere isolierende Bedingungen zur Gefährdung des Austausches mit der Umwelt (innere Isolierung). »Wichtig ist jetzt, daß weder nur innere noch äußere isolierende Bedingungen alleine bestehen, sondern sich beide wechselseitig bedingen, vielmehr noch, die inneren isolierenden Bedingungen entstehen in erster Linie durch äußere isolierende Bedingungen« (ebd.). Das heißt, innere isolierende Bedingungen stehen in Abhängigkeit zu äußeren isolierenden Bedingungen.

Dabei geht nicht darum, körperliche Beeinträchtigungen zu negieren, sondern sie als individuelle Ausgangsbedingungen des sozialen Austausches zu begreifen. Beeinträchtigungen sind demnach im Verhältnis zu den Randbedingungen, zu denen rechtliche Betreuer*innen, Sozialarbeiter*innen oder Pflegefachkräfte gehören, zu sehen und in dieser Wechselbeziehung zu verstehen. Wenn sie sich mit einem gehörlosen und gebärdensprechenden Menschen unterhalten wollen, würden sie sich die Gebärdensprache aneignen oder eine Dolmetscherin zum Gespräch bitten, um die Randbedingungen so zu gestalten, dass es zu einem sozialen, wechselseitigen Austausch kommen kann. Sie würden über verschiedene Strategien verfügen können, diese Situation zu bewältigen und damit ihre subjektive Handlungsfähigkeit erhalten können (siehe dazu Böhnisch 2012, S. 223). Auch das Gegenüber hat damit die Möglichkeit, seine Anliegen zum Ausdruck zu bringen und auf Verständnis zu stoßen. Die Chance auf eine wechselseitige soziale Anerkennung ist dann gegeben.

Ob isolierende Bedingungen sich auf die Psyche nachhaltig auswirken, hängt vom jeweiligen Ausprägungsgrad der Persönlichkeit ab (Jantzen 2022, S. 10), beispielsweise davon, ob Bedingungen, die den Austausch mit anderen Menschen erschweren, nicht nur zur Sprache gebracht werden können, sondern auch von anderen gehört, gedeutet und verstanden werden. Ist der Austausch gefährdet, führt dies auf lange Sicht zu Selbstzweifeln, Unsicherheit, Angst und zum Aufbau von Stress, also zu den inneren isolierenden Bedingungen. Im Kontext narrativer Exklusion ist der Austausch mit Sicherheit gefährdet. Wenn die Narration verloren geht, wird der*die andere unsichtbar. Es gehen gemeinsam zwischen Menschen ge- und erlebte Geschichten verloren. Es verschwindet die Anerkennung der Ausgeschlossenen als meinesgleichen und damit auch die Verantwortlichkeit für das Gegenüber (Jantzen 2015a, S. 248; Tolle 2016, S. 29; Steffens & Meyer 2020, S. 49).

## Dialog und Kooperation: das Öffnen des Feldes der Macht

Aus lernpsychologischer Sicht lassen sich isolierende Bedingungen in Unterforderung, Überforderung und Situationen der Doppelbindung (Double-Bind) differenzieren. Aus verschiedenen Dynamiken heraus beeinflussen sie den Austausch eines Menschen mit seiner Umwelt und können damit die Persönlichkeitsentwicklung hemmen (Jantzen 1987, S. 284). Sie würden dann psychisch als Isolation reproduziert werden, in der ein Mensch mit seinen Möglichkeiten versucht, Resonanz und ein Gefühl nach Zugehörigkeit zu finden. Eine Person passt sich in diesem Fall an isolierende Bedingungen an. Auflösen lassen sich isolierende Bedingungen durch den Dialog und die Kooperation mit anderen Menschen (Jantzen 1987, S. 284).

**Unterforderung** Eine Unterforderung bedeutet, dass eine Person kaum Gelegenheit hat, etwas Neues dazuzulernen. Es darf davon ausgegangen werden, dass jeder Mensch das Grundbedürfnis hat, sich nicht nur etwas Neues anzueignen, sondern auch irgendwo dazuzugehören und Aufgaben zu bekommen, die für ihn und andere wichtig sind. Klaus Dörner bezeichnet dies als »helfensbedürftig«: Jeder Mensch hat das Grundbedürfnis, für einen anderen Menschen eine Bedeutung zu haben (Dörner 2012, S. 12 f.).

Damit ist auch das Bedürfnis danach angesprochen, dass eigene Äußerungen eine Bedeutung für das Gegenüber haben und gegebenenfalls gemeinsam interpretiert und gedeutet werden. Auf lange Sicht wird es von einer Person als Stress erlebt, wenn sie vordringlich auf ihre »Zone der aktuellen Leistung« begrenzt bleiben muss (Jantzen & von Salzen 1990, S. 46). Es passiert dann wenig bis nichts Neues. Ebenso fehlt die Erfahrung, eine Bedeutung für andere zu haben, die ebenso wichtig ist wie die, selbst bestimmen zu können, um das eigene Dasein als sinnvoll zu empfinden (Dörner 2012, S. 51). Wenn Menschen ständig Entscheidungen aus der Hand genommen werden, kann dies zu einem

Gefühl der Unterforderung führen, weil sie damit auf der »Zone der aktuellen Leistung« stagnieren.

**Überforderung** Bei der Überforderung hat eine Person es demgegenüber mit Aufgaben zu tun, für die sie noch keine Handlungsstrategien entwickelt hat und niemand in Sicht ist, der um Unterstützung gebeten werden könnte. Typische Reaktionen auf Bedingungen der Reizüberflutung (übrigens auch unter Bedingungen der Unterforderung bzw. der sensorischen Deprivation) sind Ermüdung und Gereiztheit (Zimpel 2009, S. 188). Bezogen auf Entscheidungsfindungen können (müssen jedoch nicht immer) »Overchoice-Situationen« zu einer Überforderung führen. Damit sind Situationen gemeint, in denen Menschen die »Qual der Wahl« haben. Viele Personen kennen dies aus dem Alltag vom Einkaufen oder wenn es darum geht, einen Film in einem Streamingdienst auszuwählen. Dem Overchoice-Effekt liegt das »Marmeladenexperiment« zugrunde, bei dem sich zeigte, dass eine zu große Auswahl an Entscheidungsoptionen (hier Marmeladen) eine Entscheidungsfindung erschweren oder hemmen kann, hier die Kaufentscheidung (Iyengar & Lepper 2001, S. 995).

**Double-Bind** Beim Double-Bind hat ein Mensch mit widersprüchlichen Informationen zu tun. Es handelt sich um Situationen, in denen jemand durch verschiedene widersprüchliche oder dilemmatische Botschaften (oder auch Aufträge) in eine »Zwickmühle« gerät: »Formal ist eine Doppelbindung (Double-Bind) immer dann gegeben, wenn eine Person zwei sich widersprechende Befehle erfüllen muss, keinen dieser Befehle ignorieren darf und die Widersprüchlichkeit dieser Befehle nicht kommunizieren kann oder darf. Eine solche Zwangssituation oder ›Zwickmühle‹ entspricht auch dann einer isolierenden Bedingung, wenn sie zwar logisch nicht paradox ist, aber subjektiv als paradox erlebt wird« (Zimpel 2009, S. 189).

Zurück geht der Begriff auf Gregory Bateson und seine Arbeitsgruppe in dem Versuch, kommunikationstheoretisch Bedingungen zu erfassen und zu verstehen, die die Entwicklung einer Schizophrenie bei einem Menschen begünstigen können (Bateson u.a. 1956). Insbesondere in Abhängigkeitsverhältnissen kann paradoxen Botschaften oder Aufforderungen nur schwer ausgewichen werden (Zimpel 2009, S. 188 f.).

Wolfgang Jantzen formuliert als zentrales Ziel der Tätigkeit einer Fachkraft, das Feld der Macht zu öffnen »und den bisher als Objekt wahrgenommenen geistig behinderten Menschen als mit Vernunft ausgestattetes Subjekt zu betrachten« (Jantzen 1999, S. 7). Gleiches kann als Ziel und Voraussetzung der Unterstützten Entscheidungsfindung angesehen werden.

Ein Öffnen des Feldes der Macht heißt zum Beispiel, Entscheidungen nicht über den Kopf anderer hinweg zu fällen, wenn sie deren Lebensbereiche betreffen.

Wechselseitiges Vertrauen ist nicht nur die Grundbedingung eines gelingenden Dialogs, sondern auch die Basis in Prozessen Unterstützter Entscheidungsfindung. Durch einen gelingenden Dialog entwickelt sich ein überindividueller Möglichkeitsraum, der zu neuen Qualitäten im Erleben und zu Erkenntnisgewinn führen kann (Feuser 2012, S. 7). Allan Karlsson aus dem Roman *Der Hundertjährige, der aus dem Fenster stieg und verschwand* zum Beispiel lernt auf seiner Reise neue Menschen kennen, mit denen er sich verständigt. Durch den wechselseitigen Austausch entsteht immer wieder ein überindividueller Möglichkeitsraum, weil die einzelnen Protagonist*innen nicht auf ihre eigenen Erfahrungen und Handlungsoptionen begrenzt bleiben, sondern gemeinsam in ihrer Unterschiedlichkeit und Heterogenität in Kooperation miteinander Herausforderungen annehmen und gestalten (dazu Feuser 2010, S. 27).

## Anerkennung für jeden Menschen – Fazit

Unterstützung in Entscheidungsfindungsprozessen definiert sich als Erweiterung der Möglichkeitsräume eines Menschen, indem der Dialog zentrales Mittel der Verständigung zwischen den Beteiligten im Hier und Jetzt wird. Unterstützung in Entscheidungsfindungen bedeutet damit auch, isolierend-deprivierende Bedingungen, die den Möglichkeits- und Entscheidungsraum eines Menschen verengen, abzubauen.

In dieser ersten Annäherung ist Unterstützte Entscheidungsfindung ein Prozess, bei dem beispielsweise in Reflexionsprozessen wie Supervision dialektisch gedacht wird. Dies kann dabei unterstützen, die eigene Perspektive zu erweitern, weil eine Beobachtung des Beobachterstandpunktes möglich wird.

Zudem gehört es zur Unterstützten Entscheidungsfindung, das Feld der Macht zu öffnen. Dies ist eine Voraussetzung dafür, Möglichkeitsräume zu erweitern und isolierende Bedingungen abzubauen. Relevant dafür ist, Unterstützte Entscheidungsfindung nicht auf das Aufzeigen verschiedener Handlungsoptionen zu reduzieren, sondern Möglichkeiten der Teilhabe außerhalb einfrierender Systeme im Blick zu haben. Die Anerkennung des*der anderen als meinesgleichen spielt hier als Haltung ebenso eine Rolle wie solidarische Vernunft, damit Unterstützte Entscheidungsfindung in der Praxis nicht selbst eine Personengruppe als »harten Kern« produziert. Vielmehr geht Unterstützte Entscheidungsfindung analog zur UN-BRK davon aus, dass jede Person bei der Entscheidungsfindung unterstützt werden kann. Dies erfordert ein erkenntnisgeleitetes und reflektiertes Handeln jeder einzelnen Fachkraft, da Fachkräfte, wie alle anderen Menschen auch, »geschichtsmachende« Akteur*innen sind. Das bedeutet: Jede Fachkraft gestaltet zum einen gesellschaftlich-soziale Verhältnisse und ist zum anderen selbst von ihnen in der beruflichen Praxis beeinflusst und determiniert.

### ⍰ FRAGEN ZUR REFLEXION

(1) Herrn L. wurde durch einen Psychiater eine paranoid-halluzinatorische Psychose diagnostiziert, die seit rund drei Jahrzehnten chronifiziert sei. Der Psychiater vermutet, dass die Psychose durch den Konsum psychotroper Substanzen induziert wurde. Herr L. ist 47 Jahre alt, aktuell wohnungslos und konsumiert nach wie vor psychotrope Substanzen, darunter Alkohol.

Herr L. geht regelmäßig zur Grundsicherungsbehörde, um sich von einer der dort tätigen Sozialarbeiterinnen seine Geldleistung auszahlen zu lassen. Für ihn ist Frau M. zuständig. Bei einem seiner Besuche holt er Papierkügelchen aus der Tasche seiner ungefütterten Jacke und legt sie kreisförmig auf den Boden. In diesen Kreis stellt er seinen Stuhl. Herr L. erzählt Frau M., nun sei er vor Strahlen geschützt. Frau M. denkt an den bevorstehenden Winter und schlägt Herrn L. vor, sich in einer psychiatrischen Klinik vollstationär aufnehmen zu lassen. Danach könne sie für ihn eine Unterbringung in einer besonderen Wohnform für Erwachsene mit psychischen Erkrankungen organisieren. Herr L. hört zu und sagt: »Da geh ich nicht hin.«

⇒  Welche Gedanken gehen Ihnen durch den Kopf, wenn Sie sich das Gespräch zwischen der Sozialarbeiterin und Herrn L. vorstellen?

⇒  Kennen Sie ähnliche Situationen aus Ihrer beruflichen Praxis?

⇒  Inwiefern werden isolierende Bedingungen wirksam? Warum?

⇒  Wie ließe sich der Möglichkeitsraum der beiden beteiligten Personen erweitern? Wie argumentieren Sie?

⇒  Was erscheint Ihnen wichtig, um Selbstbestimmung und Partizipation zu sichern? Wie begründen Sie Ihre Ansichten?

⇒  Handelt es sich Ihrer Meinung nach um eine Situation, in der Unterstützte Entscheidung eine Rolle spielt? Wie begründen Sie Ihren Standpunkt?

(2) Der 19-jährige Herr S. lebt seit einigen Wochen im sozialpädagogischen Betreuten Wohnen. Der Sozialpädagoge Herr Y. unterstützt Herrn S. seither. Herr S. redet selten und vernachlässigt aus der Perspektive des Sozialpädagogen

die Körperpflege. Den ihm monatlich zur Verfügung stehenden Barbetrag gibt er komplett für Zigaretten aus. Diese einzukaufen ist für Herrn S. einziger Anlass, das Appartement zu verlassen. Sein Duschgel ist seit Längerem aufgebraucht, wie er Herrn Y. mitteilt, neues kauft er allerdings nicht.

⇒ Kennen Sie ähnliche Situationen aus Ihrer beruflichen Praxis?

⇒ Handelt es sich Ihrer Meinung nach um eine Situation, in der Unterstützte Entscheidung eine Rolle spielt? Wie begründen Sie Ihren Standpunkt?

⇒ Was erscheint Ihnen wichtig, um Selbstbestimmung und Partizipation zu sichern? Wie begründen Sie Ihre Ansichten?

⇒ Wie würden Ihre nächsten Schritte in der Begleitung von Herrn S. aussehen? Was empfehlen Sie Herrn Y. aus fachlicher Sicht?

### ⤢ ⤡  ZUSAMMENFASSUNG

In diesem Kapitel wird Unterstützte Entscheidungsfindung näher bestimmt. Grundlage dafür ist die Konzeption des Möglichkeitsraums nach Georg Feuser (2010) sowie das von Wolfgang Jantzen (1987) entwickelte Konzept isolierender Bedingungen. Es wird verdeutlicht, dass Unterstützte Entscheidungsfindung darauf abzielt, den Möglichkeitsraum eines Menschen zu erweitern. Gleichzeitig hat Unterstützte Entscheidungsfindung die Funktion, isolierende Bedingungen abzubauen, weil diese das Selbstbestimmungsrecht und die Teilhabemöglichkeiten eines Menschen massiv begrenzen. In diesem Kapitel werden verschiedene Begriffe wie isolierende Bedingungen, Möglichkeitsraum, Partizipation, Isolation, Inklusion, Exklusion, Macht, Anerkennung, ersetzende und Unterstützte Entscheidungsfindung im Verhältnis zueinander betrachtet. Über den Weg eines dialektischen und rehistorisierenden Denkens werden Zusammenhänge skizziert, die es ermöglichen, sich einem Konzept der »Unterstützten Entscheidungsfindung« anzunähern.

# Der Weg vom Bedürfnis zum Zielmotiv und die Bedeutung der Selbstreflexion

*»Nicht nur Vernunft ist ein Kennzeichen menschlicher Existenz, sondern ebenso Verletzbarkeit.«*

*Wolfgang Jantzen (2015b, S. 56)*

## Die Emotionalität von Entscheidungsprozessen

Bisher wurde erarbeitet, dass Unterstützte Entscheidungsfindung die Funktionen hat, zum einen Möglichkeitsräume zu erweitern und zu erhalten sowie zum anderen isolierende Bedingungen abzubauen. Dieses Verständnis ist zunächst allgemein, und es stellt sich nun die Frage, was das konkretisiert bezogen auf die individuelle und intersubjektive Perspektive im Miteinander von Menschen bedeutet.

Oft wird im Alltag davon ausgegangen, dass in Entscheidungsfindungsprozessen zunächst ein Ziel gefunden werden muss, an dem eine Entscheidung anknüpfen kann. Im Folgenden wird deutlich werden, dass Entscheidungsfindungsprozesse schon viel eher beginnen: Sie beginnen bei der Konkretisierung eines Bedürfnisses. Ein Ziel ist im Kontext eines Entscheidungsprozesses mit dem Ergebnis des Prozesses assoziiert.

Jede Entscheidung eines Menschen geht von einem Bedürfnis aus und hat einen »guten Grund« (Beushausen & Schäfer 2021, S. 120). Jede Entscheidung ergibt zu dem Zeitpunkt, zu dem sie getroffen wird, Sinn für einen Menschen. Aus der eigenen Perspektive heraus tut er durch eine Entscheidung das Bestmögliche, um für sich zu sorgen und sich besser bzw. anders als vor der Entscheidung zu fühlen (Jantzen 2015c, S. 41). Das gilt für Menschen, die Unterstützung in Entscheidungsfindungen suchen, sowie für die Personen, die andere in Entscheidungsfindungen unterstützen. Diese Überlegung ist wichtig, weil natürlich auch jene Menschen, die andere in der Entscheidungsfindung unterstützen, Bedürfnisse haben. Ebenso haben sie das individuelle Anliegen, für sich zu sorgen bzw. negative Emotionen zu vermindern und positive durch eigenes Handeln zu evozieren. Die eigenen Gefühle und Motive einer Fachkraft können demnach in einem Unterstützungsprozess nicht ausgeblendet werden, weil sie Einfluss auf eben diesen nehmen werden. Zum professionellen Handeln gehört demzufolge, dass Fachkräfte sich selbst reflektieren und die eigenen Bedürfnisse erkennen können.

Die folgenden Aussagen treffen deswegen sowohl für jene Menschen zu, die bei Entscheidungsfindungen unterstützt werden, als auch für diejenigen, die sie dabei unterstützen. In einem intersubjektiven Prozess treffen verschiedene Perspektiven und Gefühlswelten aufeinander, die sich wechselseitig beeinflussen. Fachkräfte sollten sich ihrer Gefühle und ihrer Perspektive daher bewusst sein bzw. sich ihnen in einem kontinuierlichen Selbstreflexionsprozess immer wieder annähern, auch weil sie sich natürlich im Verlaufe der Zeit und durch das Sammeln von Erfahrungen ebenso verändern können wie durch eine Veränderung des Kontextes.

Entscheidungsfindungsprozesse finden nie in einem kontext- oder beziehungslosen Raum statt (Offergeld 2021, S. 256; Tolle & Stoy 2020, S. 235 ff.). Sie finden auch nicht in einem emotionsfreien Raum statt, vielmehr sind Emotionen die Basis von Entscheidungsprozessen (Jantzen 2015c, S. 47). Das bedeutet, dass Menschen Entscheidungen und Verhalten ganz unterschiedlich interpretieren können: Was für den einen sinnvoll ist, muss noch lange nicht für die andere auch sinnvoll sein. Das liegt darin begründet, dass Entscheidungsfindungen insgesamt nicht als isolierte Einheiten zu verstehen sind, sondern als Teil eines Verhaltensprozesses bzw. einer Aktivität, durch die sich ein Mensch psychisch-emotional reguliert und mit der Welt, in der er lebt, in Beziehung setzt (Jantzen 1990, 2015c, S. 41).

Die folgende grafische Darstellung des »Raum-Zeit-Kontinuums der psychischen Funktionen« wurde von Wolfgang Jantzen im Zuge seiner emotionstheoretischen Arbeiten entwickelt und hilft dabei, den Prozess einer Unterstützten Entscheidungsfindung zu strukturieren. Zweierlei ist hier von Bedeutung: Zum einen kann Unterstützte Entscheidungsfindung als die Begleitung eines Menschen auf dem Weg vom Erfassen eines Bedürfnisses hin zur Entwicklung eines Zielmotivs verstanden werden. Zum anderen wird erkennbar, dass Entscheidungsfindungsprozesse eben immer auch emotional begründet sind und nicht allein aufgrund rein sachlicher Informationen stattfinden, die in Pro-und-Kontra-Listen mal eben abgearbeitet werden können. Viele Menschen wägen Sachargumente in solchen (realen oder imaginierten) Listen ab und gehen davon aus, dass eine bestimmte Entscheidung logisch ist, weil die Vorteile zu überwiegen scheinen, bemerken aber im Zweifelsfall, dass das Gefühl dazu nicht stimmig ist. Manche Entscheidung wird daher anders getroffen, als durch die Für-und-Wider-Liste nahegelegt, oder eben revidiert.

Die in der Abbildung dargestellten Zusammenhänge – und damit der Weg vom Bedürfnis zum Zielmotiv – erscheinen auf den ersten Blick recht komplex. Für die Entscheidungsfindung spielen neben Zeit unter anderem Bedürfnis, Motiv, Ziel, Handlung und Tätigkeit sowie Sinn eine entscheidende Rolle. Dabei wird auch auf die Präferenz und den Willen eingegangen, die in Artikel 12 UN-BRK benannt sind.

Unterstützte Entscheidungsfindung bedeutet, eine andere Person auf dem Weg vom Bedürfnis zur Entwicklung eines Zielmotivs zu begleiten. Eine klare Vorstellung von diesem Weg zu haben, ermöglicht Personen, die andere Menschen in ihrer Entscheidungsfindung unterstützen, eigene Ideen für eine individuelle Begleitung zu entwickeln und zu begründen. Innerhalb dieser Vorstellung können sie sich in diesem Prozess orientieren und daran ihr Denken und Handeln ausrichten. Vergleichbar ist dies mit der Nutzung einer Landkarte oder einer Navigationsapp. Es besteht so die Möglichkeit, im Verlaufe eines Unterstützungsprozesses den »aktuellen Standort« zu bestimmen und darauf basierend gemeinsam mit der anderen Person, die in der Entscheidungsfindung unterstützt werden möchte, nächste Schritte sowie die weitere Richtung des Weges bzw. Prozesses näher zu bestimmen.

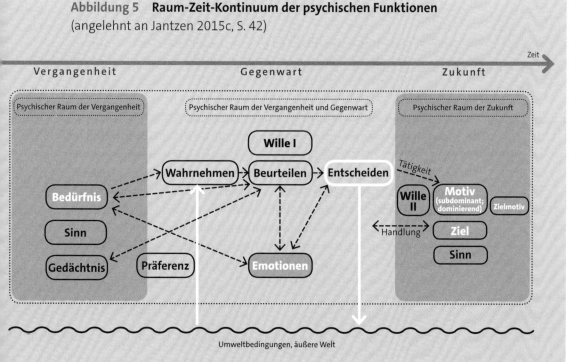

**Abbildung 5    Raum-Zeit-Kontinuum der psychischen Funktionen**
(angelehnt an Jantzen 2015c, S. 42)

# Unterstützte Entscheidungsfindung als sinngebender Prozess

*»Pädagogisch fruchtbar ist nicht die pädagogische Absicht, sondern die pädagogische Begegnung.«*

(Buber 2005, S. 71)

Über Tätigkeiten setzt sich ein Mensch zu seiner realen, ihn umgebenden Welt in Beziehung (Meyer 2007, S. 70). Zu diesem Prozess des »Sich-in-Beziehung-Setzens« gehört das Fällen von Entscheidungen.

Der 19-jährige Herr S. hat seit einigen Wochen ein Einzelappartement im »Sozialpädagogisch Betreuten Wohnen«. Der Sozialpädagoge Herr Y. begleitet Herrn S. Den monatlich zur Verfügung stehenden Barbetrag gibt Herr S. bisher komplett für Zigaretten aus. Vorgesehen ist das Geld darüber hinaus jedoch auch für den Einkauf von Hygieneartikeln. Sein Appartement verlässt er ungern, wie er Herrn Y. sagt, und wenn, dann höchstens zum Einkaufen. Meistens sitzt er in seinem Armsessel, raucht hin und wieder eine Zigarette und schaut aus dem Fenster.

Es scheint Herrn Y. so, als wenn Herr S. seit Längerem nicht geduscht habe. Auch weiß er nicht, ob Herr S. die erforderlichen Hygieneartikel überhaupt hat. In der letzten Teambesprechung wurde bereits von Kolleg*innen thematisiert, dass sich Herr S. mal wieder (und danach regelmäßig) duschen könnte. Das sei doch ein sinnvolles und erreichbares Ziel, insbesondere wenn es darum geht, dass er einen Praktikumsplatz findet.

In den Teilhabezielen ist diesbezüglich vereinbart, dass Herr S. nun ein betriebliches Praktikum auf dem allgemeinen Arbeitsmarkt absolvieren soll. Ohnehin scheint er allzu oft nur damit beschäftigt zu sein, Tabak einzukaufen und zu konsumieren, was zudem nicht gesundheitsförderlich sei. Sein Einkaufsverhalten könne Herr S. auf jeden Fall genauso wie sein Verhältnis zur Körperpflege mit Unterstützung von Herrn Y. ändern, so die Meinung der Kolleg*innen. Sie haben auch schon Ideen parat. Es könnten Regeln vereinbart werden: Zum Beispiel könne Herr S. am Anfang des Monats Hygieneartikel kaufen und seinen Barbetrag budgetieren, sodass er nicht das gesamte Geld für Zigaretten ausgebe und deshalb nichts mehr für Shampoo oder Duschgel übrig habe.

Wichtige Anliegen scheinen vor diesem Hintergrund nun, wie Herr S. von solchen Vorhaben und Regeln überzeugt werden kann und wie er sich letztlich dafür entscheidet, sein momentanes Verhalten im Sinne der Mitarbeiter*innen in ein »vernünftiges« zu verändern.

Gerade im Kontext der unterstützten Entscheidungsfindung besteht eine große Verführung, die Logik des schon erwähnten »Bankiers-Konzeptes« (Freire 1993, S. 57) zu vertreten und vermeintlich »das Beste« für den Klienten zu wollen. Um ein Bild von Paulo Freire zu benutzen, würde das bedeuten, einen Menschen zum »Container« zu machen. In diesen Container werden dann mehr oder weniger schlüssige Argumente für eine bestimmte Entscheidung, die aus der Perspektive von Sozialarbeiter*innen, rechtlichen Betreuer*innen oder Pflegefachkräften »am besten« erscheint, eingefüllt. Die Fachkräfte wären in dieser Logik die »Wissenden« und »Erkennenden«, die ihr Wissen und ihre Erkenntnisse als Gabe an jene austeilen, die vorgeblich nichts wissen (ebd., S. 58).

Durch diese Dynamik wandelt sich ein »echter Dialog« in einen »dialogisch verkleideten Monolog« (Buber 2002, S. 166). Das heißt, die Fachkräfte versuchen zu überzeugen, sie vertreten ihre Interessen. Die begleitete Person soll zuhören und bestenfalls von der Argumentation der professionell Tätigen überzeugt werden. Ob die begleitete Person tatsächlich überzeugt wird, ist in einem solchen »dialogisch verkleideten Monolog« jedoch für die Entscheidungsfindung nicht wirklich relevant, da die Fachkräfte die Entscheidung im Grunde schon stellvertretend gefällt haben.

Herr Y. kann mit Herrn S. über die Idee, den Barbetrag zu budgetieren und einen Teil des Geldes für Hygieneartikel zu verwenden, sprechen. Die wesentliche Frage ist jedoch, ob Herr S. diese Idee für genauso sinnvoll oder notwendig hält. Es kann gut sein, dass dies im Moment nicht so ist, denn er wird einen Grund haben, warum er das Geld lieber für Tabak als für Hygieneartikel ausgibt. Sich diesem »Warum« anzunähern ist ein wichtiger Schritt im Prozess der Unterstützten Entscheidungsfindung und nicht primär die Erreichung eines Ziels, das vielleicht aus der Perspektive der Sozialpädagog*innen sinnvoll erscheint, auch wenn das Herr Y. mit Sicherheit Herrn S. gegenüber schlüssig begründen kann. Die Frage nach dem »Warum« eröffnet somit die Perspektive auf ein Bedürfnis von Herrn S.

Wenn das Ziel aus der Perspektive von Herrn S. wenig Sinn ergibt, antwortet er Herrn Y. im Gespräch vielleicht: »Ja, ja, das ist eine gute Idee, mache ich! Ich kaufe nächstes Mal Duschgel ein.« Trotzdem kann es sein, dass er der vermeintlich guten Idee oder Absicht beim nächsten Einkauf nicht nachgeht. Eventuell ist dies so, weil ihm etwas anderes wichtiger ist, obwohl ihm die Idee in der konkreten Einkaufssituation durchaus bewusst ist. Ebenso könnte Herr S. im Supermarkt in Gedanken vielleicht mit einer anderen Frage beschäftigt sein, zum Beispiel ob an der Kasse mehr oder weniger Leute warten. Dann denkt er nicht mehr an die Idee und nimmt Regale mit Duschgel und Haarshampoo vielleicht gar nicht mehr wahr. Es handelt sich also insgesamt nicht um eine Nachlässigkeit von Herrn S., sondern um eine aus seiner Perspektive schlüssige »Einkaufsentscheidung«, wenn auf dem Heimweg Zigaretten und keine Hygieneartikel in seinem Einkaufsbeutel liegen.

Aktivitäten sind Ausdruck psychischer Prozesse und damit emotionaler Regulationen. Welche Bedürfnisse ihnen zugrunde liegen, ist aus der Außenperspektive meist nicht unmittelbar erschließbar. Die Innenperspektive, das heißt, was einen Menschen bewegt, offenbart sich nicht immer direkt der Außenperspektive, also für das Gegenüber (siehe dazu Lanwer 2006). Vielmehr werden Bedürfnisse, auf denen das Verhalten einer Person innerlich basiert, vom Gegenüber *gedeutet*, insbesondere wenn diese Bedürfnisse nicht im gemeinsamen Austausch zwischen Menschen thematisiert werden. Eine solche Thematisierung bietet jedoch die Chance, ins gegenseitige Verstehen zu kommen.

Das Verstehen der Person, die in der Entscheidungsfindung unterstützt wird, ist ebenso Voraussetzung für einen gelingenden Prozess einer Unterstützten Entscheidungsfindung wie die Selbstreflexion der Person, die jemand anderen in der Entscheidungsfindung unterstützt.

Das bedeutet, als Fachkraft zwischen der Innen- und Außenperspektive differenzieren können zu müssen. Bedürfnisse können manchmal gegenüber anderen explizit und klar formuliert werden. Gelegentlich bleiben sie jedoch eher implizit und verborgen, können aber natürlich trotzdem ein Handeln bzw. eine Aktivität auf den Weg bringen, die vom äußeren Beobachterstandpunkt aus wahrnehmbar ist. Ob ein Bedürfnis bewusst ist, in Worte oder einen anderen Ausdruck gefasst und damit kommunizierbar oder ob es eher unbewusst ausagiert wird, hängt nicht nur von der aktuellen Situation ab, in der sich ein Mensch befindet, sondern es spielen dabei auch Erfahrungen eine Rolle, die bisher gesammelt wurden.

Psychische Prozesse sind in den Dimensionen Vergangenheit, Gegenwart und Zukunft eingezeichnet (Jantzen 2015c, S. 41). Entscheidungen sind damit zum einen durch vergangene Erfahrungen, die jemand gemacht hat, beeinflusst (psychischer Raum der Vergangenheit), zum anderen wird eine Entscheidung auch durch Pläne und Vorhaben, die in die Zukunft reichen, vorbestimmt, weil sich eine innere Vorstellung von dem, was von der Zukunft erwartet wird, entwickelt (psychischer Raum der Zukunft) (ebd., S. 42; Luria 1992, S. 9). Im psychischen Raum von Vergangenheit/Gegenwart findet der Prozess des Wahrnehmens, Beurteilens und Entscheidens statt. Das Resultat der Entscheidung ist ein bestimmtes Motiv, das eine Tätigkeit leitet, sowie ein bestimmtes Ziel, mithilfe dessen eine Tätigkeit durch Handlungen realisiert werden kann. Handlungen beschreiben eher, *wie* eine Aktivität ganz konkret durchgeführt werden kann (anders als das Warum einer Aktivität, das sich in der Tätigkeit bzw. im Motiv ausdrückt).

Im Roman *Der Hundertjährige, der aus dem Fenster stieg und verschwand* hat Allan Karlsson das Bedürfnis, etwas Neues zu erfahren. Vielleicht wird das Bedürfnis durch den Blick auf das Fenster zum Motiv, weil ihm dabei einfällt, zur Bushaltestelle gehen zu können. Das wäre auf jeden Fall etwas anderes und vor allem Angenehmeres für ihn, als auf den Bürgermeister zu warten, der ihm zum Geburtstag gratulieren möchte. Die Handlungen, mit denen er die Tätigkeit umsetzt, wären, das Fenster zu öffnen, hinauszusteigen und zu gehen, bis er an der Bushaltestelle ist.

## Bedürfnis, Emotion, Tätigkeit und Motiv in der Entscheidungsfindung

Aktivitäten brauchen zu ihrer schlüssigen Erklärung zumindest zwei Seiten, die betrachtet werden können: die Tätigkeit und die Handlung. Aktivitäten beinhalten einen bedürfnisrelevanten Teil. Das Bedürfnis, das mit dem Wunsch eines Menschen nach Veränderungen von Emotionen einhergeht, drückt sich durch eine Tätigkeit aus (Jantzen 2015c, S. 37). Die Unterscheidung zwischen Tätigkeit, Handlung und Operation geht auf Leont'ev (siehe Leont'ev 2012) zurück. Dabei ist die Tätigkeit an ein Motiv gebunden. Das Motiv kann als Sinnerfüllungsversprechen verstanden werden, das am Gegenstand entsteht (Jantzen 2015c, S. 41). Der Gegenstand kann dabei real und ganz konkret »anfassbar« in der äußeren Welt sein, aber auch etwas Gedachtes, innerlich Repräsentiertes, eine Idee (ebd., S. 39).

Am Beispiel von Herrn S. könnten Möglichkeiten, ein Bedürfnis zu konkretisieren, sein, dass er sich nach Nähe zu anderen Menschen sehnt oder nach neuen Impulsen. Es könnte auch sein, dass er Gefühle der Angst (unbewusst) in solche verändern möchte, die für ihn gut aushaltbar sind.

Durch einen vielleicht eher zufälligen Blick auf eine fast leere Tabakpackung, die auf seiner Sessellehne liegt, kann sich für Herrn S. ausgehend von seiner

Bedürfnislage ein dominantes Motiv entwickeln. In seinem Wahrnehmungsfeld befindet sich damit ein Gegenstand, der erfahrungsgemäß verspricht, sein Bedürfnis nach Entspannung oder Beruhigung zu befriedigen. Relevant dabei ist, dass dieser Gegenstand für ihn eine emotionale Bedeutung hat und daher einen Informationsgehalt für ihn erhält. Dies ermöglicht, den Gegenstand überhaupt erst in der Fülle an Informationen, die die äußere Welt bereithält, herauszufiltern: »Ich nehme etwas in der äußeren Welt wahr, das ruft Emotionen hervor. Sind die Emotionen stark genug, veranlassen sie mich zum Handeln« (Jantzen 2015c, S. 41). Dabei kann ein Mensch auf Handlungsalternativen zurückgreifen, die er über seine bereits gemachten Erfahrungen gesammelt hat.

> Herr S. hat eine handhabbare Vorstellung gewonnen, durch die er seine Emotionen positiv verändern kann: Er könnte ja eine Zigarette rauchen. Das Rauchen scheint ihm aus seiner Sicht dabei zu helfen, sich zu beruhigen. (Ob dies aus gesundheitswissenschaftlicher oder medizinischer Perspektive ebenso gesehen wird, wären andere Fragen, denen hier nicht nachgegangen wird.) Dabei hat Herr S. in Gedanken die Wahl: Er könnte sich von seinen Tabakresten eine Zigarette drehen oder Filterzigaretten rauchen, die jedoch gerade nicht mehr in seinem Vorrat sind. Er zieht sie nämlich den »Selbstgedrehten« vor. Er könnte den Nachbarn fragen, ob er ihm vielleicht Filterzigaretten verkauft (dass er welche hat, weiß Herr S.). Eine weitere Option wäre, fertige Zigaretten im Supermarkt einzukaufen. Herr S. wägt die Möglichkeiten ab und überlegt, zum Nachbarn zu gehen, erinnert sich jedoch daran, dass ihm dieser eine Abfuhr erteilt hatte, als er ihn letzte Woche nach Zigaretten gefragt hatte. Auf den Tabak, den er selbst noch liegen hat, spürt er nicht so rechte Lust. Selbst gedrehte Zigaretten wären im Moment eher eine Notlösung, falls kein Geld mehr in seiner Börse ist.

Es existieren also verschiedene (subdominante) Motive gleichzeitig, die allerdings noch keine Handlung auslösen. Die wird erst ausgelöst, wenn Herr S. sich innerlich für ein ganz bestimmtes Motiv entschieden hat, das dann zum dominanten Motiv wird. Durch das gedankliche (mehr oder weniger bewusste) Aufgreifen möglicher Handlungen, um ein eigenes Anliegen zu verfolgen, verändern sich Emotionen: »Sie beziehen sich jetzt auf die Wahrnehmung von Alternativen möglicher Zukunft in Form unterschiedlicher Motive« (Jantzen 2015c, S. 40).

Die Emotionen existieren in der Gegenwart und beziehen sich von der Gegenwart aus gesehen auf die Erfahrungen, die ein Mensch gesammelt hat, also seine Vergangenheit. In diesem Kontext setzt sich ein Mensch in ein Verhältnis zur umgebenden Welt (Umweltbedingungen, äußere Welt), genauer gesagt zur gegenwärtigen Situation, die er gerade erlebt (Jantzen 2015c, S. 47). Dies wiederum kann anhand des Beispiels von Herrn S. ins Bild gebracht werden.

> Herr S. nimmt sich seine Geldbörse, einen Stoffbeutel und macht sich auf den Weg zum Supermarkt, um Filterzigaretten einzukaufen. Das dominante Motiv verspricht den höchsten emotionalen Gewinn bzw. den geringsten emotionalen Verlust (ebd., S. 40). Herr S. bevorzugt also, das Risiko zu vermeiden, sich erneut ein Nein von seinem Nachbarn einzuhandeln. Ebenso gibt er sich nicht mit dem »Nächstbesten«, den selbst gedrehten Zigaretten, zufrieden, wenn die greifbare Aussicht auf Fertigzigaretten besteht.

Die Herausbildung des dominanten Motivs ist das Ergebnis einer komplexen Abwägung und geht aus einem Entscheidungsprozess hervor.

## Handlung, Ziel, Präferenz und Sinn in Entscheidungsfindungsprozessen

Nach der bisherigen Betrachtung der einen Seite einer Aktivität, der Tätigkeit, kann nun die andere Seite in den Blick genommen werden, die Handlung. Die Handlung ist der zielorientierte und objektbezogene Teil einer Aktivität. Der bedürfnisorientierte Teil der Aktivität (Tätigkeit) kann nur in Form der Handlung (als anderer Teil der Aktivität) existieren (Jantzen 2015c, S. 43). Nur durch Handlungen kann eine Tätigkeit ganz konkret in der äußeren Welt realisiert werden. Mit der Handlung bzw. ihren einzelnen Schritten werden konkrete (Teil-)Ziele gebildet, um die Tätigkeit umzusetzen, beispielsweise die Überprüfung, ob noch genügend Geld da ist, das Nehmen der Börse und einer Tasche, das Verlassen der Wohnung, das Gehen zum Supermarkt etc.

Die Herausbildung eines Handlungsziels ist Bestandteil eines Entscheidungsprozesses, jedoch verbunden mit dem Motiv der Tätigkeit und damit dem Bedürfnis, das so seinen Ausdruck findet. Deshalb wird auch von »Zielmotiv« gesprochen, um diese Verbindung zu verdeutlichen (ebd., S. 40). Das Warum bzw. der Zweck und das Wie einer Aktivität koppeln sich. Wenn diese Verknüpfung nicht gegeben ist oder sich auflöst, ergeben Handlungsziele für einen Menschen meist wenig Sinn, obwohl sie natürlich rein funktional ausgeführt werden können. So hat es möglicherweise für Herrn S. im Moment keinen Sinn, sein Geld für Duschgel auszugeben, weil er keinen für ihn bedeutsamen Zweck mit der Aktivität verknüpfen kann. Hygieneartikel haben in dem Augenblick, in dem er an ihnen im Supermarkt vorbeigeht, keinerlei emotionale Bedeutung, es existiert kein Motiv, sie zu kaufen.

Wenn kein Motiv existiert, hat der Einkauf von Hygieneartikeln keinen bedürfnisrelevanten Teil. Damit wird keine Handlung ausgelöst, weil die Emotionen nicht stark genug sind (ebd., S. 41). Es fehlen der Sinn und der Zweck. Wenn eine Tätigkeit demgegenüber für Menschen persönliche (Bedürfnis-) Befriedigung zur Folge hat, nehmen sie die Aktivität und gleichzeitig sich selbst als sinnvoll wahr: »So können die Menschen durch ihre Tätigkeit Schöpfer ihres persönlichen Sinns werden und sind dann motiviert« (Mann 1990, S. 28).

»Sinn« kann als Bewertung einer Erfahrung verstanden werden. Wenn sich in der eigenen Bewertung nach dem Abschluss einer Handlung negative Emotionen vermindern und positive zugenommen haben, dann gehen der Prozess und das Ergebnis der Handlung positiv in das Gedächtnis ein. Sie wird als sinnvoll eingeschätzt und damit wird auf die Handlung in anderen, ähnlich erlebten Situationen zurückgegriffen (Jantzen 2015c, S. 41).

Handlungen werden zu Präferenzen oder Vorlieben, wenn sie erfahrungsgemäß versprechen, unkompliziert ein Bedürfnis zu befriedigen und Gefühle zu verändern.

Wenn eine Handlung für einen Menschen Sinn ergibt, speichert er sie ab, sodass sie im nächsten Entscheidungs- und Bewertungsprozess als (neue) Möglichkeit der Bedürfnisbefriedigung zur Verfügung steht (ebd.).

Nehmen wir an, eine Präferenz von Herrn S. sei aktuell der Einkauf von Zigaretten, weil es darum geht, seine innere Unruhe abzubauen. Er könnte sich auch andere Möglichkeiten durch neue (gemeinsam zum Beispiel mit anderen Menschen gesammelte) Erfahrungen erschließen. Durch den Sinn werden emotionale Bewertungen bisheriger Tätigkeitserfahrungen und die erwarteten emotionalen Folgen einer gegebenen Tätigkeit integriert (ebd., S. 42). Von daher geht es in der Zusammenarbeit von Herrn S. und Herrn Y. darum, neue Motive zu entwickeln und damit neue Handlungsziele zu erreichen, die versprechen, Sinn zu erfüllen. Es geht um die Aneignung sekundärer Kompensationsstrategien und damit neuer Möglichkeits- und Entscheidungsräume.

Neue Möglichkeits- und Entscheidungsräume können sich durch die Gestaltung gemeinsamer Erfahrungsräume von Herrn S. und Herrn Y. entwickeln, denn Emotionen müssen ihre Resonanz finden im sozialen Feld bzw. der sozialen

Entwicklungssituation (ebd., S. 43). Zur sozialen Entwicklungssituation von Herrn S. gehört eben auch Herr Y. – und umgekehrt. Es ist leicht vorstellbar, wie schnell eine angespannte Situation beispielsweise in Bezug auf das Thema »regelmäßiges Duschen« entstehen kann, in der das Verhalten des anderen nicht mehr verstanden und als wenig sinnvoll interpretiert wird. Weder gute Argumente noch ein gutes Regelwerk, das Herr Y. (vielleicht sogar zusammen mit Herrn S.) entwickelt, werden wahrscheinlich das Verhalten von Herrn S. nachhaltig verändern, wenn es keinen Sinn für ihn ergibt.

Sind Ziele des konkreten Handelns nicht an ein Motiv gekoppelt (Zielmotiv), dann wird es schwer, eigenes Tun als sinnvoll zu erleben.

Es kann durchaus sein, dass Herr S. das Motiv, zu duschen, entwickelt, und sei es nur aus dem Grund, damit Herr Y. ihn nicht mehr »nervt« oder weil er keinen Konflikt mit dem Team forcieren möchte. Das würde bedeuten, dass die Aktivität des Duschens auch an die Person von Herrn Y. gebunden ist, wodurch sie unter Umständen von Herrn S. nicht mehr als sinngebend erlebt wird, wenn sich die Beziehung zwischen ihm und Herrn Y. auflöst.

Es stellen sich im übergeordneten Sinne für Herrn S. und damit auch für jene Person, die ihn in der Entscheidungsfindung unterstützt, die Fragen: Warum sollte ich duschen? Welche Gefühle würden sich dadurch verändern? Was wäre mein Motiv, um ein solches Ziel zu verfolgen?

In der bereits erwähnten Studie von Christine Bigby und Kolleginnen (2019) wird erkennbar, dass sich durch die Schaffung von Resonanz gemeinsame Erfahrungsräume entwickeln können. Ein in der Studie (ebd., S. 9) zitierter Mitarbeiter schildert, dass einer seiner Klienten seine Kaffeemarke gewechselt hat, um die gleiche wie der Mitarbeiter zu trinken. Der Klient identifizierte sich mit dem Mitarbeiter und schaffte eine Gemeinsamkeit. Hier wird besonders deutlich, dass Bedürfnisse und Motive sich entsprechend im intersubjektiven Prozess entwickeln.

Diese Erfahrungen verweisen darauf, Menschen als Beziehungswesen und nicht als isolierte Individuen wahrzunehmen (Dörner 2012, S. 179) und intersubjektive Prozesse im Kontext Unterstützter Entscheidungsfindung zu berücksichtigen. Ein Möglichkeitsraum kann sich in diesem Prozess erweitern. Ebenso können isolierende Bedingungen abgebaut werden, weil die Chance besteht, durch Unterstützte Entscheidungsfindungen den Pool an sekundären Kompensationsstrategien zu vergrößern. Damit wachsen zugleich Teilhabemöglichkeiten. Eine Entscheidung, die von jemandem unterstützt getroffen wird, sollte folglich Sinn aus *dessen* Perspektive ergeben. Wolfgang Jantzen (2003b, S. 308) bezeichnet den Sinn auch als die »Engagiertheit eines Subjekts«. Begründungen für ein Ziel, die beim »Gut-Zureden« aufgezählt werden, werden keine Resonanz finden, wenn sie nicht die Erwartungen an die Zukunft, die ein Mensch hat, bestätigen.

Für die Unterstützte Entscheidungsfindung kann festgehalten werden, dass es sich um einen intersubjektiven Prozess handelt, zu dem auch die Bereitschaft gehört, gemeinsam mit den anderen neue Erfahrungen zu sammeln.

## Eine (blockierte) Sicht auf einzelne Facetten des Bedürfnisses

Es ist deutlich geworden, dass Entscheidungen nicht zuletzt emotional geprägt sind. Sie sollen zudem für einen Menschen einen Sinn ergeben. Sie sind sowohl mit Erwartungen an die Zukunft verbunden als auch mit der Sorge um sich selbst in der Gegenwart (Vidal Fernández 2017, S. 55).

Die Sorge um sich selbst ist eine Facette des Bedürfnisses.

Dieser Zusammenhang wird im folgenden Beispiel anhand der Situation von Herrn L. und Frau M. beschrieben, in dem deutlich wird, dass es zentral für eine Fachkraft ist, Verständnis für Entscheidungen und Aktivitäten der anderen zu entwickeln, um einen Menschen in der Entscheidungsfindung unterstützen zu können.

> Es ist Herbst. Der 47-jährige Herr L. sucht regelmäßig das Sozialamt und damit die Sozialarbeiterin Frau M. auf, um sich seine monatlichen Bezüge auszahlen zu lassen. Ihm wurde durch einen Psychiater eine paranoid-halluzinatorische Psychose diagnostiziert, die seit rund drei Jahrzehnten chronifiziert ist. Ein Psychiater vermutet, die Psychose sei durch den Konsum psychotroper Substanzen induziert worden. Herr L. ist aktuell wohnungslos und konsumiert nach wie vor psychotrope Substanzen, darunter Alkohol.
>
> Seit einigen Besuchen bei Frau M. stellt er seinen Stuhl stets in einen Kreis, den er aus mitgebrachten Papierkügelchen auf dem Fußboden

drapiert, bevor er Platz nimmt. Er begründet dies mit Strahlenschutz. Auf den Vorschlag von Frau M., er solle sich in einer psychiatrischen Klinik vollstationär aufnehmen lassen, der Sozialdienst der Klinik könne für ihn eine Unterbringung in einer besonderen Wohnform für Erwachsene mit psychischen Erkrankungen organisieren, reagiert Herr L. mit den Worten: »Da geh ich nicht hin.« Damit hat er eine Entscheidung getroffen, die Frau M. tolerieren muss, auch wenn es ihr schwerfällt. Sie antwortet Herrn L. schnippisch: »Na, wenn Sie meinen, das ist schließlich Ihre Entscheidung.« Sie denkt, dass manche Fälle einfach vollkommen hoffnungslos seien.

Bei Herrn L. wie auch bei Frau M. ist in dieser Situation innerlich viel passiert, bis sie zu ihren Aussagen »Da geh ich nicht hin« und »Na, wenn Sie meinen, das ist schließlich Ihre Entscheidung« kommen. Diese innerlichen Prozesse sind für die Unterstützte Entscheidungsfindung von Relevanz.

Auch in Situationen, in denen eine negative Entscheidung auf eine im Raum stehende Fragestellung prompt geäußert wird, kann das Konzept der »Unterstützten Entscheidungsfindung« zur Anwendung kommen.

Vor dem Hintergrund solidarischer Vernunft, der Anerkennung des*der anderen als meinesgleichen oder advokatorischer Assistenz geht es grundsätzlich darum, den Möglichkeitsraum der Beteiligten zu erweitern und isolierende Bedingungen abzubauen. Rechtliche Grundlage für die mögliche Entscheidung der Sozialarbeiterin, Herrn L. in seiner Entscheidung zu unterstützen, beruht auf Artikel 11 des Internationalen Paktes über wirtschaftliche, soziale und kulturelle Rechte (UN-Sozialpakt).

So mag für Herrn L. vielleicht die Einweisung in eine psychiatrische Klinik und die Aussicht auf einen anschließenden Platz in einer besonderen Wohnform momentan keine angemessene Alternative zum Leben auf der Straße sein. Die Perspektiven der Einweisung in eine psychiatrische Klinik und das Leben in einer besonderen Wohnform wären keine Erwartungen an die Zukunft, die er für sich gegenwärtig als sinnvoll erachtet. Das bedeutet jedoch nicht, dass Sozialarbeiter*innen damit die gemeinsame Suche mit ihren jeweiligen Klient*innen nach anderen Möglichkeiten aufgeben sollten, damit (wie hier bei Herrn L.) diese ihr Menschenrecht auf Wohnen und einen angemessenen Lebensstandard in Anspruch nehmen können.

Die Erwartung an die Zukunft stellt eine Facette des Bedürfnisses dar. Ein Bedürfnis selbst kann ebenso als ein Modus der Erwartung wie als Verantwortlichkeit gegenüber der Sorge um sich selbst verstanden werden (Vidal Fernández 2017, S. 55). Relevant dabei ist, dass das Bedürfnis nicht als erlebter Mangel gedeutet wird, der (am besten von anderen besorgten Personen) behoben werden soll, sondern als eine Erwartung und vor allem als eine Verantwortung und Sorge um sich selbst, die jedem Menschen unterstellt werden kann. Jede Person handelt aus der eigenen Perspektive heraus sinnvoll und entwicklungslogisch. Dies gilt auch für Menschen, die möglicherweise unter isolierenden Bedingungen leben, das heißt unter solchen Bedingungen, in denen keine Resonanz spürbar ist, die einer Person signalisieren, mit ihren Bedürfnissen vom Gegenüber verstanden zu werden (Jantzen 2020, S. 212).

Resonanz zu schaffen ist also eine Aufgabe in der Unterstützten Entscheidungsfindung, die beispielsweise von Sozialarbeiter*innen übernommen werden kann. Ein Schritt dabei ist, zuzuhören und das Gehörte nicht sofort (als unvernünftig) zu bewerten oder sich innerlich aus einer Begegnung zurückzuziehen, indem beispielsweise ein »dialogisch verkleideter Monolog« (Buber 2002, S. 166) geführt wird. In diesem Schritt sollte stattdessen das »Deep Listening« Anwendung finden. Das bedeutet, »dem, was sowohl akustisch als auch psychologisch wahrgenommen wird, seine Aufmerksamkeit zu widmen« (Oliveros 2005, S. XXII, zitiert nach Odell 2021, S. 32). Dieser Prozess erhöht nicht nur die eigene Aufnahmefähigkeit, sondern erleichtert auch ein inneres Verstehen der Perspektive anderer (ebd., S. 52 f.). Möglich wird damit außerdem, Gegenübertragungen bewusst in das Geschehen aufzunehmen und für den Unterstützungsprozess zu nutzen.

Herr L. aus dem Fallbeispiel versucht ein Bedürfnis mit den ihm zur Verfügung stehenden Möglichkeiten zu befriedigen. Wir können annehmen, dass es sich um das Bedürfnis »Sicherheit« handelt. Änderungen der Versorgungs- oder Wohnsituation können viel Unsicherheiten mit sich bringen. Die aktuelle Lebenssituation mag von außen betrachtet als unbedingt änderungswürdig erscheinen, sie könnte bei »unvernünftiger Beibehaltung« jedoch auch die Sicherheit mit sich bringen, dass die Verhältnisse mehr oder weniger so bleiben, wie sie sind, also Herrn L. subjektiv als kontrollierbar erscheinen. Menschen ohne festen Wohnsitz, die Tag und Nacht auf der Straße verbringen, befinden sich am Ende der sozioökonomischen Abwärtsspirale und haben kaum noch Zugang zu den Angeboten des Sozialstaats: »Verbittert und ohne Hoffnung wenden sie sich häufig ab vom reglementierenden staatlichen Hilfesystem. Zu oft mussten sie erfahren: Wer nichts leistet, zählt nicht« (Fritz 2009, S. 13).

Entscheidungen erfordern immer auch einen gewissen Spiel- oder Möglichkeitsraum.

Wenn es für Menschen darum geht, Tag für Tag überleben zu müssen, ist es jedoch schwer, einen Raum zu erweitern. In solchen Lebenskontexten bleibt Menschen kaum Zeit und Kraft übrig, ihre Aufmerksamkeit auf irgendetwas anderes zu lenken (siehe dazu auch Odell 2021, S. 138 f.). Auch hier gilt jedoch die Annahme, dass Entscheidungen im jeweiligen Möglichkeitsraum eines Menschen als begründet anzuerkennen sind und auf die Erhöhung von Lebensqualität im Sinne des Erhaltes und der Erweiterung der eigenen Möglichkeiten zielen. Oder anders ausgedrückt, darauf, »ausgehend vom gegenwärtigen Zustand möglichst günstige Existenzbedingungen herstellen« (Anochin 1967, S. 45). Selbstredend muss in der angeführten Beispielsituation jedoch auch der Aspekt des Schutzprinzips sowohl in der rechtlichen Betreuungspraxis als auch in der Eingliederungshilfe mitbedacht werden. In der konkreten Situation liegt eine erhebliche Selbstgefährdung, die von Fachkräften nicht außer Acht gelassen werden kann.

Für eine literarische Figur wie Allan Karlsson, dem Protagonisten im Roman *Der Hundertjährige, der aus dem Fenster stieg und verschwand* (Jonasson 2017), kann unterstellt werden, dass er seine Erwartung an die Zukunft als erfüllt erlebt hat. Er wagt zahlreiche Abenteuer, die sich vom Neuigkeitsgewinn und Veränderungspotenzial her stark vom Alltag und von Möglichkeits- bzw. Entscheidungsräumen einer durchschnittlichen stationären Einrichtung der Altenhilfe unterscheiden.

Jeder Entscheidung liegt ein Bedürfnis zugrunde, also eine Sehnsucht nach etwas und zugleich die Sorge um sich selbst. Dies zu wissen, ist eine wichtige Voraussetzung, um individuell getroffene Entscheidungen von Menschen verstehbar zu machen.

Die Anerkennung einer Entscheidung anderer Menschen kann im Dialog, bei dem auch das »Deep Listening« angewendet wird, zum Ausdruck gebracht werden. Der Dialog und das Spüren von Resonanz stehen im Kontrast zu dem, was viele Menschen, für die Herr L. exemplarisch steht, wahrscheinlich oft erleben: die Erfahrung, im Sinne der sozialen Exklusion als lebendiges Gegenüber scheinbar unsichtbar zu werden (Costa 2004, zitiert nach Steffens 2019, S. 55).

Eine solche für viele Menschen, die in der Entscheidungsfindung unterstützt werden, vertraute Situation wird im »Still-Face-Experiment« hergestellt, »in der keine Reaktion, keine Rückkopplung, keine Antwort im Gesicht des Gegenübers zu erkennen ist« (Steffens 2019, S. 55). Solche Erfahrungen verhindern den Abbau isolierender Bedingungen und die Erweiterung von Möglichkeitsräumen.

In der Sozialen Arbeit und der Pflege finden sich ähnliche Kommunikationszusammenhänge, die wenig Resonanz erzeugen. Dies kann der Fall sein, wenn die Kommunikationspartner*innen davon ausgehen, sowieso schon zu wissen, was das Gegenüber mitteilen möchte, und dadurch wenige Chancen bestehen, sich von dem*der anderen überraschen zu lassen. Handlungen erscheinen durch die gedankliche Antizipation kontrollierbar, weil das Ergebnis der Handlung innerlich als Erwartung vorweggenommen wird. Beispielsweise laufen Konversationen an der Kasse im Supermarkt zwischen Kund*innen und Kassierer*innen in der Regel nach dem gleichen Schema ab. Sie sind für die meisten von uns zu einer Gewohnheit, einer Alltagsroutine geworden und fast immer mit wenig emotionaler Aufregung verbunden (Berger & Luckmann 2013, S. 58).

Diese Vorwegnahme des Handlungsgeschehens kann jedoch problematisch werden, wenn diese Art Gespräch im Rahmen der rechtlichen oder sozialen Betreuung oder Begleitung zur Gewohnheit geworden ist. In einem solchen Fall handelt es sich nicht um einen »echten« Dialog im Sinne Martin Bubers, sondern um einen »dialogisch verkleideten Monolog« (Buber 2002, S. 166), der die Schaffung von Resonanzräumen behindert. Daher sind solche Gespräche wenig unterstützend in Prozessen der Entscheidungsfindung.

Ähnliches findet sich in Gesprächsverläufen, in denen die Fachkraft das Thema wechselt wie im folgenden Beispiel.

Frau A. ist eine junge Frau, die in einer Werkstatt für behinderte Menschen beschäftigt ist. Sie berichtet in einem Gespräch mit einer Heilpädagogin, Frau H., über ihre Teilhabeziele, dass sie sich ein Kind wünscht und ihren Freund heiraten möchte. Frau H. stockt kurz und antwortet: »Okay. Es ist wichtig, dass du dein Kind gut ernährst, und gut wäre, wenn du dein Gewicht vor der Schwangerschaft reduzierst.« Das Gespräch schlägt einen Bogen hin zu einem eher »technischen Dialog« und dauert noch weitere dreißig Minuten. Das Thema »Kinderwunsch« ist dem der sachlichen Verständigung über gesunde Ernährung gewichen und wird auch in weiteren Gesprächen nicht mehr angesprochen. Damit hat der Wunsch nach Familiengründung und die damit vielleicht verbundene Sehnsucht nach einem Gefühl der Zugehörigkeit keinen Raum mehr in der Begleitung und findet keine Resonanz. Der Prozess der Unterstützten

Entscheidungsfindung wird blockiert, weil sich die Sicht auf die Bedürfnisse der Person, die in der Entscheidungsfindung unterstützt werden möchte, versperrt. Vielleicht ist genau dies ein Ziel, das die Fachkraft (unbewusst) verfolgt.

In solchen Momenten kann es für den Menschen, der einen anderen Menschen in der Entscheidungsfindung unterstützt, hilfreich sein, sich der eigenen Position im Unterstützungsprozess bewusst zu werden. Nützlich für die eigene Orientierung als Person, die eine andere in der Entscheidungsfindung unterstützt, ist die »radikale Parteinahme« als Handlungsprinzip (Jantzen 1990, S. 219).

Leitend in Prozessen der Unterstützten Entscheidungsfindung sind die Wünsche, die Interessen, der Wille und die Präferenzen der Person, die in der Entscheidungsfindung unterstützt wird (und nicht die eigenen als unterstützende Person).

Ergänzend dazu kommen als weiterer Ausgangspunkt die Rechte der unterstützten Menschen. Das kann heißen, dass beispielsweise der Wille und die Präferenzen der anderen erst herausgefunden bzw. übersetzt werden müssen, ein Prozess, der in der Regel Zeit braucht. Zur Rolle derjenigen, die andere in der Entscheidungsfindung unterstützen, gehört nicht, die Bedürfnisse und Interessen, die sie selbst haben, zu befriedigen. Auch gehört es nicht zu ihren Aufgaben, die Bedürfnisse, Wünsche, Erwartungen und Interessen dritter Personen zu befriedigen. Von daher ist es wichtig, sich zu positionieren, indem sich eine Fachkraft bewusst macht, dass die Präferenzen, Wünsche und der Wille der Person, die in der Entscheidungsfindung unterstützt wird, die zentralen Bezugspunkte für das eigene Handeln sind.

# Der Wille auf dem Weg vom Bedürfnis zum Zielmotiv

In der Abbildung »Raum-Zeit-Kontinuum der psychischen Funktionen« (siehe Seite 69) wird deutlich, dass der Wille während einer Aktivität in zweifacher Hinsicht zum Ausdruck kommen kann. Wille I und Wille II werden nun nacheinander betrachtet.

Zunächst einmal kommt der Wille (Wille I) in der motivierten Entscheidung für eine Tätigkeit zum Ausdruck, deren Motiv im Widerspruch zu einem anderen Motiv steht, das es nun zu überwinden gilt. Beispiele dafür sind »Situationen der Angst vor etwas und dem trotzdem mutigen Entscheiden für ein Standhalten« (Jantzen 2015c, S. 42).

Bei einer Willenshandlung (Wille I) geht es darum, zwei oder mehr gegensätzliche Motive »unter einen Hut« zu bekommen.

Eine Willenshandlung (Wille I) ist demzufolge mindestens zwei verschiedenen, gegensätzlichen Motiven unterworfen. Die Motive haben dabei verschiedene affektive Vorzeichen (Leont'ev 2005, S. 15, zitiert nach Jantzen 2008, S. 263 f.). Ein Motiv wäre also mit positiven und das andere mit negativen Affekten besetzt. Da Menschen sich während einer Aktivität für ein dominantes Motiv der Tätigkeit entscheiden müssen (Jantzen 2015c, S. 41), geht es hier darum, zwei Motive zu koordinieren.

> Herr L. möchte zum Einkaufen gehen, hat aber Angst oder fühlt sich aufgewühlt, wenn er daran denkt, sein Zimmer zu verlassen oder in der Warteschlange an der Kasse zu stehen. Er wird das eine Motiv, im Zimmer zu bleiben, zu dem anderen Motiv, Zigaretten einzukaufen, ins Verhältnis setzen. Beide möglichen Zukunftsaussichten verändern seine Emotionen. Der Beurteilungsprozess zielt dabei auf die Überwindung gegensätzlicher Motive *vor* dem Fällen der Entscheidung. Beide genannten Motive sind für Herrn L. attraktiv, in der Wohnung zu bleiben oder einkaufen zu gehen. Letzteres erfordert eine Willensbildung, also den mehr oder weniger bewussten Entschluss, zum Supermarkt zu gehen, auch wenn es ihm nicht angenehm ist und er diese Hürde des Unwohlseins überwinden oder aushalten bzw. regulieren muss, um sein Zielmotiv zu erreichen. Die Aussicht auf das Ergebnis der Handlung nach dem Einkaufen verspricht ihm allerdings einen höheren emotionalen Gewinn als das Verbleiben im Zimmer, sodass ihm das Einkaufen möglich wird.

Über diesen Willensaspekt hinaus zeigt sich der Wille (Wille II), wenn eine Tätigkeit durch Handeln aufrechterhalten werden soll, und zwar auch, wenn sich ihr widrige Umstände in den Weg stellen (Jantzen 2015c, S. 42).

> Herr L. hat die Erfahrung gemacht, dass er Angst bekommt, wenn es an der Kasse im Supermarkt sehr voll ist. Heute ist es nicht nur sehr voll an der Kasse, es ist auch nur eine einzige geöffnet. Er merkt zunehmend, dass er es in der Schlange an der Kasse kaum noch aushält und am liebsten sofort unverrichteter Dinge wieder weggehen möchte. Hier konfligie-

ren zwei Motive in einer bereits begonnenen Handlung. Es stellen sich für Herrn L. Hürden in den Weg, um sein präferiertes Motiv durch sein zielorientiertes Handeln zu realisieren.-

Ein von Aleksej N. Leont'ev durchgeführtes Experiment verdeutlicht, wie Menschen verschiedene und widerstreitende Motive handhaben: In einem Moskauer Vergnügungspark bekommen Besucher*innen die Aufgabe, angeseilt und gesichert von einem Fallschirmturm zu springen, der ungefähr der Höhe eines siebenstöckigen Hauses entspricht. Dieser Sprung ist eine von Besucher*innen gern wahrgenommene Attraktion des Vergnügungsparkes. Allerdings stellt Leont'ev noch eine weitere Aufgabe: Die Versuchspersonen sollen vor ihrem Sprung nach unten in die Tiefe sehen. Diese experimentelle Bedingungsvariante erhöht die Anzahl der Weigerungen, zu springen, um ein Vielfaches. Aber es springen auch einige Personen, wobei ihnen dabei wahrscheinlich das bewusste Kommando »Vorwärts«, das sie sich selbst gegeben haben, geholfen hat (Leont'ev 2005, S. 18, zitiert nach Jantzen 2008, S. 264).

Es kann mithilfe eines bewussten und kontrollierten Vorgehens ein Motiv realisiert und ein anderes ebenso starkes gegenläufiges Motiv überwunden werden. Es können in dieser Weise Hürden überwunden werden, die sich einer bereits begonnenen Tätigkeit in den Weg stellen und die zu ihrem Abbruch führen können.

Eine Person kann die Angst, zu springen, überwinden, weil sie sich vielleicht auf das Gefühl freut, das sie nach dem gelungenen Sprung haben wird (Jantzen 2008, S. 263).

Wille und Präferenz stehen also in Beziehung zueinander und können sich auf gleiche Bedürfnisse beziehen. Wenn nicht auf »bewährte« Handlungen (Präferenzen) zurückgegriffen werden kann, kann im Prozess der Unterstützten Entscheidungsfindung nach Möglichkeiten gesucht werden, unterschiedliche Motive zu handhaben, wozu »gemischte Gefühle« gehören, die anerkannt werden wollen (Wille I). Es geht um die Frage, *warum* eine Person etwas machen will. Außerdem kann gemeinsam nach Möglichkeiten gesucht werden, Hindernisse, die zum Abbruch einer Tätigkeit führen könnten, zu umschiffen (Wille II).

# Dialog, Reziprozität und Resonanz im intersubjektiven Prozess

*»Jede Erfahrung, die diesen Namen verdient, durchkreuzt eine Erwartung.«*

*Hans-Georg Gadamer (1960, zitiert nach Bauer & Munz 2004, S. 55)*

Begründungen für Entscheidungen sind der intersubjektiven Analyse zugänglich (Holzkamp 1993, S. 67). Dazu noch einmal zurück zum Fallbeispiel von Herrn L. oben.

Angenommen, Herr L. würde sich in einer psychiatrischen Klinik unwohl fühlen, weil sein Aufenthalt die Abstinenz voraussetzt. Eine stationäre Behandlung würde seine Lebensqualität aus seiner Perspektive damit nicht erhöhen, sofern er sich nicht vorstellen kann, sich einem Entzug vom Alkohol und anderer psychotropen Substanzen zu unterziehen. Vielleicht war er auch schon in Kliniken und hat entsprechende Erfahrungen gesammelt. Das bedeutet: Zunächst ist es wichtig, herauszufinden, welches Bedürfnis das Verhalten von Herrn L. leitet und welches dominante Motiv er herausgebildet hat. Möglicherweise ist es die Suche nach Sicherheit und Angstreduzierung, die er momentan durch das kreisförmige Legen von Papierkügelchen zu seinem Schutz findet. Wenn das Bedürfnis konkreter gefasst werden kann, dann kann nach Alternativen geschaut werden, über die es befriedigt werden kann. Dadurch besteht die Chance, sich (am besten in Ruhe und ohne Zeitdruck) zu orientieren und mehrere subdominante Motive zu entwickeln, wobei ihn Frau M. unterstützen kann.

Wenn Herr L. im Kreis der Papierkügelchen bei Frau M. im Büro sitzt, kann für ihn ein Moment der Sicherheit gegeben sein. Hört Frau M. aufmerksam zu, welche Funktion die Kügelchen für Herrn L. haben, kann sie im Gespräch Ideen entwickeln, wie er für sich ein Gefühl von Sicherheit herstellen könnte. Die Annahme liegt nahe, dass ein Aufenthalt in einem Kreis von Papierkügelchen Herrn L.s Bedürfnis nach Sicherheit im Moment eher entgegenkommt als die Aussicht auf einen Psychiatrieaufenthalt und das Leben in einer besonderen Wohnform.

Herr L. wird emotional für sich abwägen, ob Gespräche mit Frau M. für ihn eine Unterstützung darstellen. Wenn sie ihm »schnippisch« entgegensetzt: »Na, wenn Sie meinen, das ist schließlich Ihre Entscheidung«, öffnet sich in diesem Moment kein Gesprächsraum, in dem Resonanz spürbar wird. Kann sie sich jedoch darauf einlassen, Herrn L. zuzuhören und einen echten Dialog mit ihm zu führen, dann kann Resonanz erzeugt und erfahrbar werden.

Dies sind Momente, in denen »der Draht zur Welt« intensiv vibriert, wenn eine Verbundenheit mit sowie Offenheit für andere Menschen spürbar ist (Rosa 2018, S. 34, 53). Diese Momente sind eine solide Basis, Entscheidungsfindungsprozesse zu gestalten, da die Möglichkeit besteht, jenen Bedürfnissen von Menschen näherzukommen, die eine Entscheidung begründen. Klaus Dörner (2012, S. 135) spricht davon, die »sanften Künste« wie Zuhören und Mitdenken zu kultivieren, die im Kontext Unterstützter Entscheidungsfindung ganz besonders sinnvoll sind.

Die Unterstützung eines Menschen in der Entscheidungsfindung erfordert von einer Fachkraft als unterstützender Person ein Gefühl für und vor allem ein Wissen um die eigene Machtposition.

Selbst wenn Gespräche einen routinisierten Ablauf haben, erübrigt sich ein »Deep Listening« nur scheinbar. Durch Gespräche im routinisierten Ablauf werden die Entwicklungen eines dialogischen Miteinanders, in dem Resonanz erzeugt werden kann oder etwas Neues in den Einsichten, Ideen und demzufolge Möglichkeiten entstehen können, behindert. Im Gegenteil kann dies sogar dazu führen, Widerstand oder Abwehr zu erzeugen, weil sich das Gegenüber nicht verstanden fühlt oder Angst entwickelt.

Jeder Mensch kann zeigen, ob die Deutung seines Verhaltens durch einen anderen Menschen für ihn selbst passend und stimmig ist oder nicht. Für das Gegenüber wird dies sichtbar, wenn andere zum Beispiel Deutungen im Dialog aufnehmen und vielleicht auch abwandeln (Jantzen 1999, S. 7 f.). Die Musiktherapeutin Monika Baumann schildert dies sehr anschaulich in einem Beitrag von Naomi Schneider (2022) im Deutschlandfunk. Baumann versucht mit Menschen im Wachkoma in den Dialog zu treten. Über diesen Prozess kann aus der Perspektive der äußeren Beobachterin hypothetisch auf Entscheidungen rückgeschlossen werden, die diese Menschen treffen.

Baumann berichtet in dem Interview von Situationen, in denen sie Menschen schweißgebadet im Bett vorfindet, während sie über Kopfhörer Musik hören, die sie vor der Entwicklung des Wachkomas geliebt haben. Den ihnen von Pflegekräften in bester Absicht aufgesetzten Kopfhörer können sie nicht selbst abnehmen, wenn ihnen die Musik nicht gefällt oder ihnen gerade nicht guttut. Einer der Grundaffekte, die Baumann häufig bei Menschen beobachtet, mit denen sie musiktherapeutisch zusammenarbeitet, ist Angst. Wenn ein vielleicht zu komplexes Musikstück gespielt wird, das Menschen früher gefallen hat, kann dies im heutigen Moment eher eine Überforderung und damit eine isolierende Bedingung herstellen. Das Bedürfnis, innere Sicherheit zu gewinnen oder Angst zu reduzieren, kann erst in dem Augenblick befriedigt werden, in dem ein anderer Mensch dieses Bedürfnis zu interpretieren versteht. Wenn ein Mensch mit Wachkoma mit erhöhtem Muskeltonus reagiert, kann das nicht nur bedeuten, dass er sich damit an die Bedingungen der äußeren Welt anpasst, sondern auch, dass er mit dieser äußeren Welt in Beziehung treten möchte.

Die Aufnahme des Dialogs bedeutet, dass eine Person kleine Zeichen und Signale eines anderen Menschen wahrnimmt und deutet sowie dem anderen diese Interpretation durch die Aufnahme in den Dialog anbietet. Das könnte zum Beispiel sein, den Kopfhörer abzunehmen. Darauf reagiert der Mensch im Wachkoma vielleicht mit einer Verringerung des Muskeltonus oder indem die Pulsfrequenz abnimmt. Dies wäre ein Hinweis darauf, dass die Deutung von dem Menschen im Wachkoma im Dialog aufgenommen worden ist und damit als schlüssig erachtet wird. Auf diese Weise kann Resonanz erzeugt werden. Zugleich wird Reziprozität im Sinne der Wechselseitigkeit des Austausches von jeweils bedeutsamen Informationen sichtbar, die aufeinander abgestimmt werden und durch die etwas Neues im Miteinander entstehen kann (siehe dazu Steffens 2019, S. 47; Feuser 2010, S. 28 ff.).

Der Dialog ist daher als ein grundlegendes Mittel im Konzept der »Unterstützten Entscheidungsfindung« zu verstehen.

Im echten Dialog erkennen sich Menschen wechselseitig an, bejahen und bestätigen einander als Gesprächspartner*innen, er ist damit keine einseitige Angelegenheit. Die den Dialog gestaltenden Menschen sind bereit, sich auf das Gegenüber emotional einzulassen und offen zu sein für das, was es zu sagen bzw. auszudrücken gibt (Buber 2002, S. 293).

Im und durch den Dialog verstärken sich stabile positive emotionale Zustände wechselseitig (Jantzen 2002, S. 116). Menschen brauchen als soziale Wesen hin und wieder (auch als Erwachsene) eine andere Person, die »in der Lage ist, [...] Erfahrungen zu akzeptieren, in sich aufzunehmen und ihnen Sinn zu verleihen« (Fonagy 2009, S. 97). Dieser komplexe Vorgang wird auch als »Containment«

bezeichnet und von Gustav Bovensiepen (2008, S. 15) in zumindest vier Phasen zusammengefasst:

o die Bezugspersonen nehmen die Äußerungen des Gegenübers wahr,
o sie spüren eine emotionale Resonanz auf diese Wahrnehmung,
o sie nehmen die Wahrnehmung in ihre Psyche auf und denken darüber nach,
o sie reagieren.

Das Erleben dieser Phasen in ihrer Gesamtheit kann sowohl für Fachkräfte als auch für Menschen, die in der Entscheidungsfindung unterstützt werden, eine emotionale Entlastung darstellen. Zu den Bezugspersonen können demnach im erweiterten Sinne sowohl Fachkräfte als auch zum Beispiel die Kolleg*innen einer Intervisionsgruppe gezählt werden. In diesem Prozess werden Erfahrungen geteilt (siehe dazu ebd.).

Dieses Nachdenken über die wahrgenommenen Äußerungen und Gefühle des Gegenübers hat eine Wirkung auf die anderen und wirkt entlastend. Es müssen also nicht prompt Aktionen, die für Dritte sofort sichtbar sind, ergriffen werden, um in einer Situation tätig zu werden. Auch wenn eine Person sich Gedanken über eine andere Person macht oder eigene Ängste und Unsicherheiten wahrnimmt, sind das bereits Handlungen, die etwas verändern können. Für Außenstehende sind diese Handlungen jedoch in der Regel nicht direkt beobachtbar. Dabei kann eine Person die eigene emotionale Reaktion auf das Gegenüber (Gegenübertragung) nutzen, um den Bedürfnissen, Gefühlen und Präferenzen anderer näherzukommen und sie zu übersetzen bzw. in Worte zu fassen. Die eigenen emotionalen Bewegungen werden als Erkenntnisinstrument genutzt (Nadig 1992, S. 153).

Die Möglichkeit der Reflexion im Sinne des gemeinsamen Nachdenkens unterstützt zum Beispiel Fachkräfte in Supervisions- oder Intervisionsgruppen dabei, die eigenen Bedürfnisse, Wünsche und Präferenzen sowie die der anderen zu verstehen.

Das beobachtete Verhalten der Person, die bei einer Entscheidungsfindung unterstützt werden soll, ist dabei nicht »wild zu deuten« (Nadig 1992, S. 171), wie dies durch unreflektierte Wenn-dann-Hypothesen, die für eine Deutung benutzt werden können, der Fall wäre. Die Nutzung von Wenn-dann-Hypothesen kann ein Versuch der Rationalisierung von Erlebnissen und Erfahrungen sein.

Der Gedanke von Frau M. »Manche Fälle sind eben hoffnungslos« stellt einerseits eine Entwertung dar. Würde eine Fachkraft solche Gedanken zum

Beispiel bewusst an sich beobachten und thematisieren, könnten diese allerdings andererseits eine Erkenntnisquelle sein, um vielleicht der eigenen Hilflosigkeit, Angst und Unsicherheit näherzukommen. Es sind Gefühle, die Herr L. ebenso kennt. Durch die Wahrnehmung der Gegenübertragung besteht die Chance, dass diese Gefühle kommunizierbar werden. Auf jeden Fall wird so ein Verstehen anderer, aber auch ein Verständnis für sich selbst als Fachkraft ermöglicht: »Nur die Wahrnehmung unserer Angst, wir könnten in unserer Übersetzerrolle hier wie dort versagen, schützt uns vor Prozessen der Verdinglichung, schützt uns davor, in den Monolog zurückzufallen, anstatt den Dialog zu praktizieren« (Jantzen 2012, S. 18). Durch Supervision, zumindest aber durch den regelmäßigen Austausch mit anderen Fachkräften (Intervision) können weitere, neue Perspektiven entwickelt sowie eigene blinde Flecken entdeckt werden.

Ausgangspunkt für Prozesse der Unterstützten Entscheidungsfindung ist also der Dialog, weil sich durch diesen neue Handlungs- und Entscheidungsspielräume für alle beteiligten Menschen öffnen. Dialogische Begegnungen begünstigen Gefühle von Vertrauen und Sicherheit, die eine wichtige Voraussetzung für Entscheidungsfindungen sind. Um Gefühle von Sicherheit und Vertrautheit zu ermöglichen, kann für Gespräche ein Kontext gewählt werden, der der Person, die in der Entscheidungsfindung unterstützt wird, bekannt ist. Das kann zum Beispiel ein gemeinsamer Kaffee oder Tee oder ein Spaziergang sein, wenn dies in der Vergangenheit eine geteilte gemeinsame und als angenehm erlebte Erfahrung war.

## Wenn-dann-Hypothesen und ihre Wirkung im intersubjektiven Prozess

Entscheidungen sind nur im Rückblick zu beurteilen, niemand kann sie bzw. ihre Folgen tatsächlich vorhersehen und damit Expert*in *für die Zukunft* sein. Vielmehr sind Menschen in Bezug auf Entscheidungen Expert*innen *aus eigener Erfahrung*, da Entscheidungen unter Einbezug der Bewertung gesammelter Erfahrungen getroffen werden.

Jeder Dialog wird durch Erfahrungen, die die Beteiligten in ihrer Vergangenheit gesammelt haben, beeinflusst. Durch Erfahrungen werden Interpretationen des eigenen Verhaltens determiniert sowie die Deutung der Aktivitäten anderer Personen: Von der jeweiligen historischen und kulturellen Positionierung von Personen in der sozialen Welt hängt letztlich ab, wodurch Unterschiede in Interpretationen verursacht werden (Steffens 2020, S. 17). Das heißt, in diesem Prozess ist es relevant, die persönliche Perspektive zu kennzeichnen sowie den

eigenen Beobachterstandpunkt und den Referenzrahmen einer Person offenzu-
legen, die ihre Interpretationen bedingen und begründen (ebd., S. 14). »In der
Pluralität der unterschiedlichen Perspektiven entsteht dann die Möglichkeit,
die blinden Flecken der jeweiligen Beobachter*innen zu ermitteln« (ebd., S.
17). Dieser Zusammenhang soll anhand der Situation von Herrn L. genauer
betrachtet werden, weil er Einfluss auf die Unterstützung in Entscheidungsfindungsprozessen hat.

Wenn Menschen Informationen über Herrn L. erhalten, zum Beispiel die
psychiatrische Diagnose, die Wohnungslosigkeit, den Konsum psychotroper
Substanzen, entstehen in der Regel Bilder in ihrem Kopf. Diese Bilder tauchen
auch in den Köpfen der Menschen auf, die als Fachkräfte im sozialen, betreuungsrechtlichen oder pflegerischen Bereich beruflich tätig sind. Zu diesen Bil-
dern wird selten die Vorstellung gehören, dass Herr L. alsbald in der eigenen
Zweizimmerwohnung leben werde. Und wenn, könnte der Gedanke aufblitzen,
dass die Wohnung mit hoher Wahrscheinlichkeit nach kurzer Zeit vermüllt ist
und der Kühlschrank leer. Nicht nur die Sozialarbeiterin Frau M., sondern auch
andere Fachkräfte könnten annehmen, dass ihr Klient am besten erst einmal in
einer psychiatrischen Klinik vollstationär aufgenommen wird, um dann einen
Platz in einer besonderen Wohnform für Erwachsene mit psychischen Erkrankungen zu organisieren. Dann könnte Herr L. sich Schritt für Schritt gemäß
einem Stufenmodell auf das Leben in der eigenen Wohnung vorbereiten (siehe
dazu Padgett u. a. 2016, S. 7).

Anhand dieses Beispiels zur Situation von Herrn L. werden verschiedene
Wenn-dann-Hypothesen denkbar, die die Unterstützung in Entscheidungsprozessen beeinflussen und damit die Begleitung eines Menschen auf dem Weg
vom Bedürfnis zum Zielmotiv.

Wenn-dann-Hypothesen können den Blick auf das Motiv verschleiern und die
Entscheidung auf die Zielbildung reduzieren. Damit wiederum geht oft der
komplexe Sinn einer Verhaltensweise verloren.

Mögliche »Wenn-dann-Hypothesen« im Beispiel von Herrn L. sind:
- Wenn ein psychotrope Substanzen konsumierender wohnungsloser Mann
  eine chronifizierte paranoid-halluzinatorischen Psychose diagnostiziert
  bekommen hat, dann wird er seinen Alltag nicht ohne Zwischenaufenthalte
  in der psychiatrischen Klinik und einer besonderen Wohnform in einer
  eigenen Wohnung organisieren können, auch nicht mit sozialarbeiterischer
  Unterstützung.

- Wenn ein zuvor wohnungsloser Mann mit der Diagnose einer paranoid-halluzinatorischen Psychose, der regelmäßig Alkohol trinkt, in die eigene Wohnung zieht, dann wird sie in kürzester Zeit vermüllt sein.
- Wenn ein wohnungsloser Mann mit der Diagnose einer chronifizierten paranoid-halluzinatorischen Psychose Hilfeangebote ablehnt, dann ist er aufgrund seiner Erkrankung nicht in der Lage, seine Situation angemessen zu überblicken und für sich zu sorgen, sodass er nicht zu seinem Besten entscheidet (denn ansonsten würde er ja das Angebot einer Fachkraft annehmen und sich nicht dagegen entscheiden).

Diese Liste könnte noch verlängert werden. Der Logik der Wenn-dann-Hypothesen steht das Vorgehen der Unterstützten Entscheidungsfindung gegenüber. Dabei wird Herr L. als Mensch gesehen, der eine Geschichte hat, sodass im menschlichen Miteinander, in der Interaktion und im Dialog – unabhängig von einer Diagnose – geklärt wird, welche Bedingungen jeweils auf diesen Menschen und auf dessen aktuelle Lebenssituation Einfluss nehmen. Dies dient dazu, die Entscheidung des Gegenübers nachvollziehen zu können, denn Begründungen sind »nur vom Standpunkt des Subjekts aus möglich [...]: Gründe sind immer in ›erster Person‹, d.h. ›je meine‹ Gründe« (Holzkamp 1993, S. 67). Es geht darum, die inneren und äußeren Bedingungen erklären und in ihrer Wechselwirkung verstehen zu können, unter denen ein ganz bestimmter Mensch geworden ist, wie er ist, und sich aktuell im Alltag organisiert (siehe dazu Lanwer 2006; Jantzen 2005).

Dabei wird nicht von einer einfachen Determination individuellen Verhaltens auf die Lebensumstände ausgegangen, sondern der Zusammenhang zwischen individuellem Lebensprozess und gesellschaftlichem Prozess rekonstruiert (Holzkamp 1993, S. 67). Jeder Mensch handelt im Kontext seiner Lebensverhältnisse und nur vor diesem Hintergrund sind seine Entscheidungen, seine Handlungen zu verstehen und sinnvoll. Auf dieser Basis können dann Unterstützungsangebote im Miteinander überlegt und auf den Weg gebracht werden. Bezogen auf das Beispiel könnte gemeinsam erkundet werden, ob es in der Umgebung eventuell »Housing First«-Angebote gibt (siehe dazu Padgett u. a. 2016; Daßler 2023).

Erwachsene machen eher selten die Erfahrung, dass nicht sie selbst Entscheidungen für sich treffen, selbst dann, wenn sie sich Unterstützung bei der Entscheidungsfindung holen. Diese Erfahrungen teilen Menschen mit Behinderung in der Regel nicht: Vielmehr kennen diese eher Situationen, in denen ihnen Entscheidungen »zu ihrem Besten« abgenommen werden, weil angenommen wird, sie könnten diese aufgrund einer vorliegenden Beeinträchtigung nicht selbst treffen. Es wird zum Beispiel vermutet, sie könnten die Konsequenzen einer Entscheidung nicht abschätzen oder den Kontext der Entscheidung nicht verstehen (dies nach dem Motto »Wenn sie dies könnten, hätten sie ja keine rechtliche Betreuung«).

Lange Zeit war (und ist teilweise noch heute) ein defizitäres Menschenbild in der Begleitung von Menschen mit Behinderungen oder psychischen Erkrankungen leitend. Kennzeichnend ist dabei, dass Überlegungen, wie ein Mensch in der Teilhabe und in Prozessen der Entscheidungsfindung unterstützt werden kann, in der Regel auf einer defizitären Zuschreibung basieren und hervorgehoben wird, was ein Mensch nicht (mehr) kann. Das »medizinische Bild« von Behinderung geht demnach davon aus, dass ein Mensch, der »gestörtes« oder abweichendes Verhalten zeigt, krank ist, dass sich auffällige Verhaltensweisen vergleichbar mit den Symptomen einer körperlichen Krankheit beobachten, kategorisieren und letztlich behandeln lassen (Lanwer 2006, S. 14). Lediglich das Finden einer geeigneten Behandlungsmaßnahme steht in dieser Denkweise noch aus.

Nach Wolfgang Jantzen (2020, S. 208) begünstigt die Logik defizitärer Menschenbilder, dass kognitive Beeinträchtigungen bei schwerer und sehr schwerer geistiger Behinderung oder auch bei einer Demenz sowie mit den damit einhergehenden Einschränkungen von Handeln und gesellschaftlicher Teilhabe als unmittelbare, kausale Folge einer Hirnschädigung beschrieben werden. Dabei bestimmt eine Hirnschädigung nicht unmittelbar Prozesse der Entwicklungsfähigkeit. Es besteht jedoch die Neigung, zwischen einer Diagnose und dem, was ein Mensch mit dieser Diagnose zu tun vermag, pauschal kausale Zusammenhänge herzustellen. Es werden kausale Schlüsse im Sinne von Ursache und Wirkung gezogen. Dabei wird übersehen, dass es sich nicht um einen kausalen, sondern einen assoziativen Schluss, demnach um eine selbst vorgenommene Verbindung zweier Aspekte handelt: einer Diagnose in der Verknüpfung mit verallgemeinert zugeschriebenen (fehlenden) Fähigkeiten eines Menschen. Entscheidend ist jedoch, wie sich der Kontakt zu anderen Menschen gestaltet: Liegen Bedingungen vor, die einen Dialog ermöglichen, oder sind diese als isolierend und damit ausgrenzend zu bezeichnen? Diese Bedingungen haben Auswirkungen auf die Chance, Fähigkeiten zu erhalten und weiterzuentwickeln, auch im Kontext von Entscheidungsfindungen. Insofern steht im Zentrum, den Blick als Fachkraft auf den Dialog und die Bedingungen des Dialogs zu lenken und nicht auf eine Diagnose oder ein vermeintliches Defizit.

# Die Bedeutung der Reflexion des Beobachterstandpunkts

Die Bildung von Wenn-dann-Hypothesen wird auch dann unterstützt und Intersubjektivität erschwert, wenn der Subjektstandpunkt einer Sozialarbeiterin geleugnet wird. Im Fallbeispiel werden die Aktivitäten Frau M.s als selbstverständlich begründet angesehen und die Begründetheit der Tätigkeiten anderer Personen übersehen. Dabei sind dies nicht unbedingt bewusste, intendierte Prozesse. Sie können dem Versuch dienen, die anderen zu kontrollieren und ihr Verhalten für einen selbst vorhersehbarer zu machen (Holzkamp 1993, S. 73). Vielleicht hat die Sozialarbeiterin schon in Gedanken einen Platz für Herrn L. in einer bestimmten psychiatrischen Klinik organisiert und weiß, wie schwer es ist, einen Platz in einer besonderen Wohnform für psychisch erkrankte Erwachsene zu finden, selbst für die Fachkräfte eines Sozialdienstes einer psychiatrischen Klinik. Vielleicht denkt Frau M. an den bevorstehenden Herbst und Winter und möchte Herrn L. nicht zumuten, diesen auf der Straße verbringen zu müssen. Hier muss er, wie sie weiß, seinen Alltag unter extremen Bedingungen von Armut organisieren, »der alle Zeit und Kraft erfordert für die Befriedigung der Grundbedürfnisse – Essen, Trinken, Schlafen« (Malyssek & Störch 2009, S. 94).

Ebenso könnte sie die Vermutung haben, dass in einem Schadensfall nachgefragt wird, was denn in dem Fall die Fachkräfte alles getan oder eben auch nicht getan haben. Aus der Perspektive der Sozialarbeiterin kann wiederum bei Herrn L. »Widerständigkeit« hervorgerufen werden bei dem Angebot, nach einem Klinikaufenthalt in eine besondere Wohnform zu ziehen. Bemerkbar würde dies durch seine Aussage »Da geh ich nicht hin«. Die Pläne von Frau M., das Beste für Herrn L. zu wollen, werden dann durchkreuzt. Diese Widerständigkeit wird jedoch selbst erzeugt (Holzkamp 1993, S. 73), da weder ein Bedürfnis noch ein Zielmotiv von Herrn L. im Gespräch entschlüsselt werden. Außerdem ist in dem Beispiel die Widerständigkeit wechselseitig, denn auch Frau M. wird das Gefühl haben, mit ihren Vorschlägen ins Leere zu laufen, und vielleicht frustriert sein, wodurch die Schaffung von Resonanzräumen erschwert wird.

Herr L. hat von seinem Standpunkt aus gute Gründe, so und nicht anders zu entscheiden und zu handeln. Wenn dies ausgeklammert wird, dann besteht die Verführung, Handlungen eines anderen, wenn sie potenziell den eigenen Interessen entgegenstehen, in ihrem Zustandekommen zu »vereigenschaften«, also als »bösen Willen« oder »Unfähigkeit« zu personalisieren. Dies führt dann zu wechselseitigen Behinderungen (ebd., S. 74).

Herr L. fühlt sich von Frau M. nicht verstanden, Frau M. versteht Herrn L. nicht – das ist eine schwierige Gesprächsgrundlage. Frau M. versucht vielleicht aus Fürsorge heraus Druck aufzubauen oder Herrn L. zu überzeugen, damit er möglicherweise doch einer vollstationären Aufnahme in eine psychiatrische Klinik zustimmt. Mit hoher Wahrscheinlichkeit wird Herr L. dem konsequent entgegensetzen, er lebe lieber auf der Straße. Es hängt wesentlich von der Reflexion des Beobachterstandpunktes ab, inwieweit Menschen, die als behindert oder psychisch krank eingestuft sind, Entwicklungschancen zugestanden werden können oder nicht (Jantzen 1996, S. 264).

Personen, die andere in der Entscheidungsfindung unterstützen, sind nicht passiv oder »neutral«, sondern selbst Bestandteil des Kontextes und der Situation.

Über die Selbstreflexion können Möglichkeiten für Fachkräfte geschaffen werden, denn: »[...] so bin ich immer auch selbst Mittel einer Rehumanisierung dieser Situation. Gelingt es mir, unter allen Umständen Achtung, Eindeutigkeit, Emphatie usw. in Worten, Taten und Gefühlen so aufzubauen, daß ich dem anderen eine humane Entwicklungssituation sichere, die immer auf die Auseinandersetzung mit dem realen Leben bezogen sein muß, so wird aufgrund allgemein-menschlicher Gesetzmäßigkeiten eine Entwicklung zum Besseren stattfinden. Natürlich nicht ohne Widersprüche. So kann sich durchaus ein auffälliges Verhalten vermehren. Die bisherigen Überlebensstrategien geben Sicherheit. Neue Situationen schaffen Angst. Und das Abstreifen der alten Situation erzeugt möglicherweise Wut« (ebd., S. 267).

Super- oder Intervisionsprozesse können eine Unterstützung sein, um den Beobachterstandpunkt zu reflektieren. Auch besteht damit die Möglichkeit, dass Fachkräfte selbst neue Erkenntnisse über sich und die Situation gewinnen. Zudem wird ermöglicht, sich der, wie Franco Basaglia (1981, S. 15) es nennt, »doppelten Realität« des »Kranken« anzunähern und sie als zwei Seiten einer Medaille zu entschlüsseln. Das heißt, sich mit einer psychopathologischen Problematik als Realität ebenso zu befassen wie mit jener Realität, dass behinderte Menschen oder Menschen mit psychiatrischen Diagnosen oft unsichtbar für andere, aus bedeutsamen gesellschaftlichen, sozialen Bereichen ausgeschlossen und verdinglicht werden (ebd.; Jantzen 2012, S. 15).

Selbstreflexion in Form von Supervision oder Intervision ermöglicht nicht nur, den eigenen Standpunkt genauer zu fassen und die eigenen Bedürfnisse, Motive und Interessen zu verstehen, die Einfluss auf den Prozess einer Unterstützten Entscheidungsfindung nehmen. Sie hilft auch dabei, sich bei der

Interpretation einer Situation von der eigenen emotionalen Betrachtung und Deutung zu lösen. Dies ist wichtig in einer Realität, in der Fachkräfte auch Widerstand erfahren oder vielleicht selbst produzieren. Reflexion unterstützt sie dabei, nicht selbst in Sackgassen zu geraten, den kritischen Blick für die realen Möglichkeiten der eigenen Praxis zu verlieren oder den einzelnen Menschen pauschal auf den »verallgemeinerten Anderen« (Jantzen 1996, S. 260) zu reduzieren. Diese Sackgassen verführen Fachkräfte beispielsweise dazu, auf Wenn-dann-Hypothesen und scheinbar ausnahmslos geltende Vorannahmen zurückzugreifen, um Situationen für sich selbst kontrollierbarer, aber auch aushaltbar zu machen.

Die von einigen Fachkräften genutzte Handlungslogik des »Bankiers-Konzeptes« kann zum einen ein Hinweis darauf sein, dass sie sich in Sackgassen bewegen. Zum anderen kann die Anwendung dieser Handlungslogik auch dazu dienen, die anderen als Projektionsfläche für die eigenen Ängste oder Wünsche zu benutzen (Dörner 2012, S. 135), denn: Nicht nur Vernunft ist Menschen gemein, sondern auch die Verletzlichkeit (Jantzen 2015b, S. 56).

## Dialogisches Arbeiten erschließt Möglichkeitsräume – Fazit

Für einen gelingenden Prozess einer Unterstützten Entscheidungsfindung ist von Relevanz, nicht nur Ziele in den Blick zu nehmen, sondern auch Gefühle, weil diese die Entscheidungsprozesse wesentlich beeinflussen. Unterstützung in Entscheidungsfindungen bedeutet, einen Menschen auf dem Weg vom Bedürfnis zum Zielmotiv zu begleiten, sodass das Ergebnis einen Sinn für die Person ergibt, die in der Entscheidungsfindung unterstützt wird. Dies gelingt vor allem durch Zuhören, Mitdenken und ein Bewusstsein für die eigenen Bedürfnisse und Interessen aus der Perspektive der unterstützenden Person. Dies ist die Basis dafür, Resonanz erzeugen zu können und sich auf einen Dialog einzulassen. Im Dialog können eigene Gefühle, Gedanken und Erinnerungen als im Entscheidungsprozess unterstützende Person ernst genommen und als Erkenntnisinstrument genutzt werden.

Wenn Äußerungen des Gegenübers ausschließlich durch die »Brille der Vorannahmen und Erwartungen« der unterstützenden Person betrachtet und bewertet werden, wird der Entscheidungsraum eingegrenzt, sodass von den Wünschen und dem Willen der Person abgelenkt wird. Diejenigen zu verstehen, die in der Entscheidungsfindung unterstützt werden, ist Voraussetzung für einen gelingenden Prozess der Unterstützten Entscheidungsfindung. Neue Möglichkeitsräume können sich durch die Gestaltung gemeinsamer Erfahrungsräume entwickeln, damit Emotionen ihre Resonanz im sozialen Feld bzw. der sozialen Entwicklungssituation finden. Fachkräfte, die andere in der Entscheidungsfindung unterstützen, sind nicht passiv oder neutral, sondern selbst Bestandteil des Kontextes und der Situation. Daher ist wichtig, dass Fachkräfte sich selbst reflektieren, zum Beispiel durch Supervision oder Intervision. Dialogisches Arbeiten erschließt Möglichkeitsräume – auch für die Fachkräfte!

### ❓ FRAGEN ZUR REFLEXION

(1) Die 24-jährige Frau W. ist in einer Werkstatt für behinderte Menschen beschäftigt und wohnt zusammen mit ihren Eltern und ihrem Bruder in einem kleinen Häuschen am Stadtrand. Aus der Perspektive der Sozialpädagogin Frau B. sollte Frau W. besser in eine eigene Wohnung ziehen, um sich ein eigenständiges und selbstbestimmtes Leben aufzubauen. Frau B. findet viele Argumente, die Frau W. überzeugen sollen, weil diese noch unsicher ist, ob sie in die eigene Wohnung ziehen soll oder nicht.

Frau W. stimmt Frau B. irgendwann zu: Alles wird über ein halbes Jahr hinweg gemeinsam für den Umzug in die eigene Wohnung vorbereitet. Dann macht Frau W. einen Tag vor dem geplanten Umzugstermin einen Rückzieher und sagt: »Ich ziehe nicht aus.«.

An dieser Entscheidung hält Frau W. fest und Frau B. »fällt aus allen Wolken«. All ihre Anstrengungen wie eine Wohnung zu finden, Leistungen zu beantragen bis hin zur Organisation des Umzugs waren umsonst.

Offensichtlich ist für beide Frauen die Entscheidung, dass Frau W. aus dem Elternhaus auszieht, nicht derart begründet, dass sie in Handlungen mündet, die für beide Frauen sinnvoll erscheinen.
Wie konnte es zu dieser vermeintlich neuen Entscheidung von Frau W. kommen? Bitte begründen Sie Ihre Vermutungen.

(2) Frau K. ist 79 Jahre alt, lebt seit fünfzig Jahren in ihrer Wohnung und bekommt zweimal in der Woche Unterstützung bei der Körperpflege durch Frau N., die Mitarbeiterin eines Pflegedienstes. Frau K. hat wegen Durchblutungsstörungen von ihrem Hausarzt die dringliche Empfehlung bekommen, täglich eine Tablette Acetylsalicylsäure einzunehmen. Frau N. sieht, dass die Packung mit den Tabletten unberührt scheint, jedenfalls fehlt keine Tablette. Sie fragt: »Wollen Sie Ihre Tabletten nicht nehmen?« Frau K. antwortet: »Nein, die nehme ich nicht.« Frau N. ist darüber beunruhigt und beschließt, dieses Erlebnis in der nächsten Teamsupervision zum Thema zu machen.

Überlegen Sie, was Frau N. innerlich bewegen könnte, um zu dem Entschluss zu kommen, ihre Erfahrung mit Frau K. zum Thema in der Teamsupervision zu machen.

Muss aus Ihrer Sicht Frau K. in der Entscheidungsfindung unterstützt werden? Bitte begründen Sie Ihre Meinung.

(3) »Eine 24-jährige Frau mit schwerer Intelligenzminderung und Cerebralparese (Tetraspastik) befindet sich vorwiegend in der emotionalen Entwicklungsstufe 1 (Adaptationsphase). Es besteht keine aktive Sprachkompetenz und passives Wortverständnis liegt nur rudimentär vor; auch die nonverbale Kommunikation ist sowohl durch die schwere kognitive Einschränkung als auch durch die spastische Cerebralparese stark beeinträchtigt; sie ist Rollstuhlfahrerin. Auf die routinemäßig durchgeführten Arztbesuche reagiert sie mit lautem Schreien und selbstverletzendem Verhalten. Blutabnahmen sind nicht möglich. In der letzten Zeit schlägt sie sich massiv ins Gesicht, isst nicht mehr und verweigert die Durchführung des Zähneputzens. Die Betreuer der Wohneinrichtung haben den Verdacht, dass Zahnschmerzen die Ursache des veränderten Verhaltens sein könnten. Sie benachrichtigen die Eltern der Bewohnerin, die als gesetzliche Betreuer die Entscheidung über die Durchführung einer zahnärztlichen Behandlung treffen müssen. Die sind hin- und hergerissen. Da ihre Tochter sich ja kein Blut abnehmen lässt und die Durchführung der Zahnarztbehandlung ohnehin ohne Narkose nicht möglich ist, müssen sie als gesetzliche Betreuer sowohl zur Narkose als auch zur freiheitsentziehenden Maßnahme (mechanische Fixierung, um das Legen eines venösen Zugangs für die Anästhesie zu ermöglichen) ihr Einverständnis geben. Eine schreckliche Vorstellung für die Eltern. Sie wissen genau, wie sehr ihre Tochter Arztbesuche und das Festgehaltenwerden hasst. Die Betreuer geben ihnen Bedenkzeit und sie machen, wie üblich bei Besuchen, eine Spazierfahrt mit der Tochter im Rollstuhl. Normalerweise liebt ihr inzwischen erwachsen gewordenes Kind solche Unternehmungen, aber diesmal ist alles anders. Sie ist extrem unruhig, schlägt sich gegen den Kopf und ist durch nichts zu beruhigen. Tränen laufen ihr über die Wangen. So hat sich ihre Tochter nur vor einigen Jahren bei einer eitrigen Mittelohrentzündung verhalten. Die Eltern wissen jetzt genau aus der Beobachtung heraus, dass das Hauptbedürfnis ihrer Tochter der Wunsch ist, diese quälenden Schmerzen loszuwerden« (Schanze 2019, S. 63 f.).

⇒ Wie verhalten sich die Eltern in ihrer Rolle als Eltern und in ihrer Rolle als ehrenamtlich Betreuende? Beschreiben und interpretieren Sie das jeweilige Verhalten.

⇒ Wie verhält sich die Tochter? Beschreiben und interpretieren Sie das Verhalten.

⇒ Wie könnten die Eltern sich (auch in ihrer Rolle als Betreuende) fühlen? Welche Einflüsse könnten die Gefühle auf den Entscheidungsfindungsprozess haben?

⇒ Was unternehmen die Eltern, um mehr über die Bedürfnisse, Präferenzen und den Willen ihrer Tochter herauszufinden?

⇒ Was unterstützt die Eltern und auch die Tochter in ihrer Suche nach Entscheidungen?

⇒ Was könnte den Prozess der Entscheidungsfindung in diesem Beispiel hemmen?

⇒ Wie können die Eltern in ihrer Rolle als Betreuende begründen, ihre Tochter nicht in der Entscheidungsfindung manipuliert zu haben?

## ↗ ↙ ZUSAMMENFASSUNG

In diesem Kapitel wird Unterstützte Entscheidungsfindung als die Begleitung eines Menschen auf dem Weg vom Bedürfnis zum Zielmotiv beschrieben. Dafür werden Begriffe wie Bedürfnis, Tätigkeit, Motiv, Handlung, Ziel, Zielmotiv, Präferenz und Wille näher bestimmt und in einen Zusammenhang gebracht. Als Basis dafür werden die emotionstheoretischen Arbeiten von Wolfgang Jantzen (2015c) vorgestellt. Ihm zufolge spielen Emotionen in Entscheidungsfindungsprozessen eine zentrale Rolle. Unterstützte Entscheidungsfindung ist ein intersubjektiver Prozess, bei dem die Selbstreflexion von Personen, die andere in der Entscheidungsfindung unterstützen, wichtig ist, um einen Dialog aufnehmen zu können. Demgegenüber stehen jene Herangehensweisen, die den Prozess der Unterstützten Entscheidungsfindung blockieren. Dazu gehören die Handlungslogik des »Bankiers-Konzeptes« (Freire 1993) oder der »dialogisch verkleidete Monolog« (Buber 2002). Diese Mittel wenden Fachkräfte eher an, um ihre eigenen Interessen zu vertreten. Sie können für Personen, die einen anderen Menschen in der Entscheidungsfindung unterstützen, zwar Sinn ergeben, den Prozess der Unterstützten Entscheidungsfindung bringen sie jedoch wenig im Sinne von Selbstbestimmung und Teilhabe voran. Vielmehr bauen sie isolierende Bedingungen auf und verengen Möglichkeitsräume.

# Rechtlich relevante Begriffe im Kontext Unterstützter Entscheidungsfindung

## Zu den Begriffen »Rechtssubjekt«, »Rechts-« und »Handlungsfähigkeit«

*»Der Beginn der Weisheit ist die Definition der Begriffe.«*

*Sokrates*

Zunächst wird mit Bezug zu Artikel 12 (1) der UN-BRK durch die Vertrags-staaten gewährleistet, dass Menschen mit Behinderungen das Recht haben, überall als Rechtssubjekt anerkannt zu sein. Rechtssubjekt zu sein betrifft die Rechtsfähigkeit, das heißt Träger von Rechten und Pflichten zu sein. Rechtliche Handlungsfähigkeit hingegen betrifft die Anerkennung durch eine Rechts-ordnung, das heißt in eigenen rechtlichen Angelegenheiten selbst zu handeln und für das eigene Verhalten und die daraus resultierenden rechtlichen Folgen verantwortlich zu sein (Bernot 2018, S. 24).

Die Rechts- und Handlungsfähigkeit wird Menschen mit Behinderungen mit Artikel 12 (2) garantiert. Sie zielt darauf ab, dass diese Personen gleichbe-rechtigt mit allen Menschen rechtswirksames Handeln in allen Lebensbereichen beanspruchen können. Damit ist die gleichberechtigte Teilhabe festgeschrieben. Insofern darf ein Mensch mit Behinderung nicht durch eine Verhinderung des rechtswirksamen Handelns, das heißt durch Einschränkung der gleichberech-tigten Teilhabe, zum behinderten Menschen »gemacht« werden. Dies kann durch sogenannte isolierende Bedingungen eintreten, zum Beispiel wenn der Wunsch eines Menschen bezüglich eines Rechtsgeschäftes mit dem Argument seiner Behinderung nicht respektiert wird. Dieser Zusammenhang wird am Beispiel von Herrn D. deutlich.

Herr D. gilt als geistig behindert im Sinne einer kognitiven Entwicklungsstörung. Es fällt ihm teilweise schwer, einen Gedanken zu Ende zu denken, zum Beispiel was er heute alles erledigen möchte. Herr D. ist Kontoinhaber zweier Bankkonten. Bei einem Besuch bei der kontoführenden Bank möchte Herr D. ein Konto auflösen und das Guthaben dem anderen Konto gutschreiben lassen. Grund dafür ist, dass er nicht für zwei Konten Kontoführungsgebühren bezahlen will. Die Kontoauflösung wird ihm jedoch durch den Sachbearbeiter mit der Begründung verwehrt, dass er eine Behinderung habe und deswegen geschäftsunfähig sei.

Die Begründung, dass die Kontoauflösung aufgrund der vorliegenden Beeinträchtigung und der daraus vermeintlich resultierenden grundlegenden Geschäftsunfähigkeit nicht möglich sei, ist rechtlich falsch. Eine Beeinträchtigung führt nicht zwangsläufig zur grundsätzlichen Geschäftsunfähigkeit. Die Begründung schafft, fachlich gesprochen, eine narrative Exklusion und damit eine isolierende Bedingung in der gleichberechtigten Teilhabe, weil Herr D. kein Gehör mit seinem Anliegen findet. Durch diese oder ähnliche isolierende Bedingungen werden Barrieren, die eine gleichberechtigte Teilhabe verhindern, aufgebaut oder aufrechterhalten.

Um sein Anliegen zu verfolgen, muss Herr D. damit auf den *Willen II* zurückgreifen (nähere Erläuterungen zu dem Willensbegriff in dem Unterkapitel »Zu den Begriffen von Wunsch und Wille«). Er muss überlegen, wie er die Hürden, die sich aufgebaut haben, überwinden kann, um sein Zielmotiv (ein Konto begründet aufzulösen) nicht abzubrechen, weil äußere Faktoren (die Perspektive des Sachbearbeiters der Bank) dies zu erfordern scheinen. Ein Mensch wird dadurch in seiner gleichberechtigten Teilhabe behindert, sprich zum behinderten Menschen *gemacht*.

Das Erkennen und der Abbau von isolierenden Bedingungen sprechen das Außenverhältnis an, also das Verhältnis gegenüber Dritten, im genannten Beispiel dem Sachbearbeiter einer Bank. Es gilt jedoch auch für das Innenverhältnis zwischen einem betreuten Menschen und der betreuenden Fachkraft einer Einrichtung der Eingliederungshilfe oder der rechtlichen Betreuungsperson. Auch in dieser Beziehung gilt es, isolierende Bedingungen zu erkennen und abzubauen, um so Selbstbestimmung und gleichberechtigte Teilhabe zu realisieren.

Herr D. erzählt seiner zuständigen Bezugsbetreuerin in der Wohneinrichtung vom Bankbesuch und der Verwehrung, eines seiner Konten aufzulösen. Er bittet die Bezugsbetreuerin Frau S., ihn bei einem nächsten Besuch der Bank in seinem Vorhaben zu unterstützen. Frau S. nimmt den Wunsch von Herrn D. nicht ernst und erklärt, dass er ja aufgrund seiner Behinderung immer »neue Ideen« habe. Es solle doch bitte alles so bleiben, wie es ist.

In diesem Beispiel wird ebenso eine isolierende Bedingung deutlich, weil ein Wunsch aufgrund einer Beeinträchtigung nicht ernst genommen wird. Es wird eine Unterstützung zur gleichberechtigten Teilhabe mit dem Argument der Besonderheit seiner »Behinderung« verwehrt und damit die Teilhabe am Rechtsverkehr verhindert. Fachlich ausgedrückt, findet Herr D. in diesem Beispiel keine Resonanz. Keine Resonanz zu finden ist auch hier ein Ausdruck isolierender Bedingungen. Die Anerkennung des*der anderen als meinesgleichen wäre an dieser Stelle hilfreich, um erkennen zu können, dass die Bedürfnisse und das Motiv des Herrn D. durchaus auch die eigenen, sprich die der Fachkraft sein könnten, wenn diese unter gleichen Bedingungen ihr Leben bestreiten müsste. Damit wäre eine Möglichkeit zur Resonanz gegeben.

Deutlich wird an dieser Stelle die Verschränkung von juristischen und fachlichen Perspektiven. Die rechtliche Perspektive betrifft die Rechtsfähigkeit, die Herrn D. in beiden Beispielen mit unterschiedlichen Gründen verwehrt wird. Ebenso wird ihm abgesprochen, rechtlich handlungsfähig, das heißt für sein Handeln auch rechtlich verantwortlich zu sein. Die fachliche Perspektive betrifft die Resonanz und die Anerkennung des*der anderen als meinesgleichen, mit der es möglich wird, die Anliegen des Herrn D. fachlich einordnen und dann adäquat handeln zu können, sprich das Anliegen ernst zu nehmen.

Herr D. nimmt daraufhin Kontakt zu seinem rechtlichen Betreuer Herrn Z. auf und bittet ihn, bei der kontoführenden Bank vorzusprechen und klarzustellen, dass er geschäftsfähig ist und, wann immer er will, Konten auflösen oder eröffnen kann. Daraufhin erwidert der rechtliche Betreuer, dass er das Konto anstelle von Herrn D. auflösen werde. Das erspare langwierige Diskussionen um die Geschäftsfähigkeit mit dem Sachbearbeiter der Bank.

Herr D. wünscht sich, selbstständig am Rechtsverkehr teilnehmen zu können, sprich Rechtssubjekt zu sein. Er wünscht sich nicht, durch die Einschätzung seines rechtlichen Betreuers, dass mit dessen stellvertretender Handlung die Kontoauflösung einfacher umzusetzen sei, davon ausgeschlossen zu werden. Genau dies geschieht jedoch faktisch durch das stellvertretende Handeln von Herrn Z. Somit wird auch mit diesem Beispiel verdeutlicht, dass erneut jemand seine Rechtsfähigkeit und ihn als Rechtssubjekt infrage stellt. Auch hier wird die Verschränkung von rechtlicher und fachlicher Perspektive deutlich. Die Anerkennung des*der anderen als meinesgleichen wäre hilfreich, um das Anliegen des Herrn D., am Rechtsverkehr teilnehmen zu wollen, erkennen zu können.

Deutlich wird damit, wie wichtig es ist, die Inhalte der rechtlichen Begriffe und deren Bedeutung für die fachliche Perspektive bzw. das betreuereigene Handeln zu kennen.

Rechtssubjekt zu sein betrifft die Rechtsfähigkeit, das heißt Träger von Rechten und Pflichten zu sein. Rechtliche Handlungsfähigkeit hingegen betrifft die Anerkennung durch eine Rechtsordnung, das heißt, in eigenen rechtlichen Angelegenheiten selbst zu handeln und für das eigene Verhalten und die daraus resultierenden rechtlichen Folgen verantwortlich zu sein. Isolierende Bedingungen hemmen oder verhindern die Rechtsfähigkeit und die rechtliche Handlungsfähigkeit. Sie können sowohl im Innenverhältnis als auch im Außenverhältnis auftreten und sind abzubauen.

Die Begriffe und Inhalte der Rechts- und Handlungsfähigkeit im Innen- und Außenverhältnis zu kennen, ist wesentlich für die Rollenausführung der Betreuungsperson und hat unmittelbar und teilweise massiv Auswirkungen auf die Lebenssituation der Betroffenen. Aufgrund des Rechtsanspruchs auf gleichberechtigtes rechtswirksames Handeln ergibt sich folgende weitere fachliche Anforderung: Es ist aus allen Äußerungen eines betreuten Menschen herauszufiltern, ob sich eine Unterstützungserforderlichkeit bezüglich der Rechts- und Handlungsfähigkeit bis hin zum stellvertretenden Handeln begründet. Auch darauf hat ein Mensch mit Behinderung nach der UN-BRK einen Rechtsanspruch, sofern er die eigene Rechts- und Handlungsfähigkeit ohne unterstützende Maßnahmen nicht leben kann.

Der Begriff der Gleichberechtigung in der Teilhabe betrifft die Beanspruchung des rechtswirksamen Handelns unter den gleichen Voraussetzungen wie bei anderen Personen, nämlich selbstverständlich Rechtssubjekt zu sein.

Grundsätzlich sind auch Menschen mit Unterstützungsbedarf, sprich mit Behinderung, uneingeschränkt rechtsfähig. Sie können aber – wie Menschen ohne Unterstützungsbedarf auch – im rechtlichen Sinn in ihrer Rechts- und Handlungsfähigkeit beschränkt sein, zum Beispiel aufgrund des Lebensalters. Ist die Fähigkeit, einen konkreten Inhalt und Konsequenzen erkennen und nach dieser Erkenntnis handeln zu können, eingeschränkt, liegt ein Unterstützungsbedarf dann vor, wenn auch ein Rechtsgeschäft auszuführen ist. Die Umsetzung der Unterstützung führt zur gleichberechtigten Teilhabe.

Im Beispiel von Herrn D. liegt die Geschäftsfähigkeit vor. Er ist in der Lage, Inhalt und Konsequenzen der Kontoauflösung erfassen und sein Handeln danach ausrichten zu können. Dennoch benötigt er Unterstützung bezüglich seiner ihm verwehrten rechtlichen Handlungsfähigkeit durch den Sachbearbeiter der Bank. Unterstützungsbedarf könnte ebenso vorliegen, wenn ein Mensch vorübergehend, zum Beispiel aufgrund medikamentöser Beeinflussung, konkrete Inhalte nicht erkennen und in der Folge sein Handeln nicht danach ausrichten kann. Er kann somit keine rechtswirksamen Geschäfte eingehen und ist geschäftsunfähig bzw. einwilligungsunfähig.

Der Artikel 12 der UN-BRK verdeutlicht das verfassungsrechtlich geschützte Grundprinzip des Selbstbestimmungsrechts von Menschen mit Unterstützungsbedarf (BMJV 2018, S. 8 f.). Ähnlich ist das dem Bürgerlichen Gesetzbuch (BGB) zugrunde liegende Prinzip der Privatautonomie, die den einzelnen Menschen berechtigt, Rechte und Pflichten zu begründen (Kirsch & Steinert 2006, S. 101). Beide Prinzipien, das der Selbstbestimmung und das der Privatautonomie, gelten im Innen- und im Außenverhältnis auch dann, wenn Menschen Unterstützung in der Ausübung der Rechts- und Handlungsfähigkeit benötigen.

Artikel 12 (3) der UN-BRK verpflichtet die Vertragsstaaten, geeignete Maßnahmen zu treffen, um Menschen mit Behinderungen Zugang zu der Unterstützung zu verschaffen, die sie bei der Ausübung ihrer Rechts- und Handlungsfähigkeit gegebenenfalls benötigen. Im Beispiel von Herrn D. könnte die Bezugsbetreuerin Frau S. diese Unterstützung leisten. Wichtig ist dabei, dass Fachkräfte in der Lage sind, durch theoretisches und juristisches Wissen die relevanten Begriffe zu definieren, um eine Situation fachgerecht einschätzen und das eigene fachliche Handeln im Sinne des Rechtsanspruchs des Menschen, den sie begleiten, ausrichten zu können. Gleiche strukturelle Bedingungen gelten für den Bereich der rechtlichen Betreuung.

## Struktureller Schutz der »Rechts-« und »Handlungsfähigkeit«

Besondere Bedeutung hat im Konzept der »Unterstützten Entscheidungsfindung« der Artikel 12 (4) der UN-BRK. Danach haben die Vertragsstaaten geeignete und wirksame Sicherungen vorzusehen, welche die Maßnahmen zur Unterstützung der Ausübung der Rechts- und Handlungsfähigkeit betreffen. Mit diesen Sicherungen sollen missbräuchliche Einflussnahmen, zum Beispiel Manipulationen in der Entscheidungsfindung oder Interessenkonflikte, verhindert werden. Wenn diese Verantwortung durch die Vertragsstaaten vorzusehen ist, müssen demnach die Sicherungen strukturell und nicht ausschließlich individuell durch die Fachkraft gewährleistet werden.

Das Ziel ist, die Rechte, den Willen und die Präferenzen der betreffenden Person zu achten. Eine Verkürzung der Unterstützten Entscheidungsfindung hin zu einer Methode bzw. technisch-methodischen Anwendung ist folglich nicht ausreichend, da damit die Frage, wie die Sicherung praktisch herzustellen ist, auf eine individuelle Anwendungsebene verlagert würde. Das hieße, dass die Sicherung vor missbräuchlicher Einflussnahme ausschließlich in der Verantwortung der ausführenden Fachkraft läge – und nicht in der Verantwortung der Vertragsstaaten. Dabei bleibt außer Acht, dass eine Fachkraft, die Gesprächsführungsmethoden sehr gut beherrscht, ohne Probleme in der Lage wäre, einen Menschen im Gespräch zu manipulieren. Ohne eine konzeptionelle Sicherung Unterstützter Entscheidungsfindungen wäre manche Fachkraft geradezu prädestiniert, geschickt »missbräuchlich« zu beeinflussen, sodass ein Mensch mit Behinderung das »selbstbestimmt entscheidet«, was die Fachkraft für angemessen hält. Insofern rückt die Frage, welche Sicherungen es sind, auf einer strukturellen Ebene in den Vordergrund. Dies bedeutet, dass die Sicherung vor missbräuchlicher Einflussnahme auf theoretischer Ebene strukturell angegangen werden muss.

Bezüglich des Beispiels von Herrn D. muss der rechtliche Betreuer Herr Z. darauf achten, dass er die Entscheidung seines Klienten, selbstständig ein Konto auflösen zu wollen, nicht mit eigener Interessenbefriedigung manipuliert, beispielsweise indem er Herrn D. davon abrät, selbst sein Konto aufzulösen, weil er, Herr Z., für sich mehr Arbeit und Diskussionen mit dem Sachbearbeiter der Bank befürchtet.

Die Sicherungen vor missbräuchlicher Einflussnahme müssen somit auf der Grundlage von Artikel 12 (4) der UN-BRK strukturell für die Maßnahmen der Unterstützung festgelegt sein und anschließend individuell in der praktischen Betreuungssituation von den Akteur*innen zur Anwendung gebracht werden. Insofern ist von dem Konzept gefordert, die praktische Anwendung der Entscheidungsfindungsprozesse in die Sicherungen vor missbräuchlicher Einflussnahme einzubeziehen. Die theoretische Kenntnis der relevanten Begriffe, um eine Definition der vorliegenden Situation vornehmen zu können, sowie die darauf basierende Handlungsausrichtung und die Reflexion der Handlungspraxis stellen Elemente der strukturellen Sicherung dar.

Damit kommt die Frage auf, ob es Grenzen in der Praxis der Unterstützung und der Sicherungen gibt. Eine solche Grenze könnte dann vorliegen, wenn das durch Unterstützte Entscheidungsfindung umzusetzende Unterstützungsprinzip aufgrund isolierender Bedingungen und der Unmöglichkeit, diese abzubauen, nicht mehr umsetzbar ist und Schaden für die betreute Person oder deren Vermögen entsteht. In diesen Fällen rückt der Schutz der betreuten Person oder deren Vermögen in den Vordergrund. Zur Umsetzung des Schutzprinzips gehört im Rahmen der rechtlichen Betreuung, dass dann stellvertretend entschieden werden muss (Lipp 2008). Im Rahmen der Eingliederungshilfe wäre unter Umständen eine rechtliche Betreuung beim örtlich zuständigen Amtsgericht zu beantragen, sodass nach Einrichtung wiederum eine betreuende Person stellvertretend entscheiden kann. Wichtig ist dabei, dass die stellvertretende Handlung oder Entscheidung die Ultima Ratio darstellt.

Der Schutz der Rechts- und rechtlichen Handlungsfähigkeit im Innenverhältnis benötigt einen normativen Rahmen, der mit Artikel 12 (4) der UN-BRK gegeben ist, ausgedrückt als Sicherung vor missbräuchlicher Einflussnahme. Darüber hinaus muss im Konzept »Unterstützte Entscheidungsfindung« der Schutz inhaltlich und substanziell verortet sein, der dann in der Handlungspraxis individuell von den Akteur*innen zur Anwendung gebracht wird.

# Zu den Begriffen von Wunsch und Wille

In der sogenannten Magna Charta des Betreuungsrechts, dem § 1821 BGB-neu, werden die Pflichten der rechtlichen Betreuungskraft an die Wünsche des betreuten Menschen gebunden. »Der Betreuer hat die Angelegenheiten des Betreuten so zu besorgen, dass dieser im Rahmen seiner Möglichkeiten sein Leben nach seinen Wünschen gestalten kann. Hierzu hat der Betreuer die Wünsche des Betreuten festzustellen. Diesen hat der Betreuer vorbehaltlich des Absatzes 3 zu entsprechen und den Betreuten bei deren Umsetzung rechtlich zu unterstützen. Dies gilt auch für die Wünsche, die der Betreute vor der Bestellung des Betreuers geäußert hat, es sei denn, dass er an diesen Wünschen erkennbar nicht festhalten will« (§ 1821 (2) BGB-neu). Um die Angelegenheiten nach Wünschen zu besorgen und Wünsche feststellen zu können, ist es wichtig zu definieren, was unter dem Begriff zu verstehen ist.

In Anlehnung an das sozialraumorientierte Konzept von Wolfgang Hinte drückt sich der Wunsch darin aus, dass man »gerne hätte, dass andere etwas für [die eigene Person] tun müssen« (Hinte 2019, S. 18). Nach dieser Definition bleibt eine Person nach der Wunschäußerung passiv. Dabei bleibt unberücksichtigt, ob ein einzelnes Bedürfnis oder mehrere gleichzeitig vorliegende Bedürfnisse mit der Wunscherfüllung befriedigt werden sollen, welches Zielmotiv verfolgt wird und welches Motiv dominant oder subdominant ist.

In der deutschen Übersetzung der UN-BRK wird in Artikel 12 (4) der Begriff »Wille« verwendet. Der Willensbegriff drückt sich nach Hinte in dessen sozialraumorientierten Konzept dahingehend aus, dass man »entschlossen ist, mit eigener Aktivität zum Erreichen [des eigenen] Ziels beizutragen« (ebd.). Demnach trägt man nach der Willensäußerung aktiv dazu bei, dass mit einer eigenen konkreten Willenshandlung ein eigenes konkretes Zielmotiv, sprich eine Bedürfnisbefriedigung verfolgt wird. Auch hier bleibt theoretisch betrachtet offen, ob ein einzelnes Bedürfnis oder mehrere gleichzeitig vorliegende Bedürfnisse befriedigt werden sollen, ebenso welches Motiv dominant oder subdominant ist. Eine Sache abzulehnen, das heißt, etwas *nicht* zu wollen, entspräche ebenso der Definition des Willens im Sinne einer eigenen Aktivität, nämlich der Ablehnung. Mit bestehender theoretischer fachlicher Unterschiedlichkeit der Begriffe »Wunsch« und »Wille« ist konsequenterweise im Konzept »Unterstützte Entscheidungsfindung« die Aufforderung an die Praxis formuliert, im Dialog das herauszufinden, was der betreute Mensch wünscht oder was er will. Gleichbedeutend herauszufinden, was er nicht wünscht oder nicht will.

Für die Betreuungspraxis gilt demnach, herauszufinden, ob sich nach einer Äußerung des Menschen mit Betreuung das eigene Vorgehen passiv oder aktiv ausgerichtet wird. Dies bildet die Grundlage jeglicher reflektierten Haltung und Vorgehensweise einer Betreuungskraft, sowohl in der Eingliederungshilfe als auch in der rechtlichen Betreuung.

Aleksej N. Leont'ev und nach ihm Wolfgang Jantzen differenzieren den Willensbegriff in *Wille I* und *Wille II*. Bedeutung hat dies im Konzept der »Unterstützten Entscheidungsfindung«, da unter Berücksichtigung dieser Differenzierung eine genauere, konkretere Definition der vorliegenden Praxissituation ermöglicht wird und eigenes fachliches Handeln differenzierter ausgerichtet werden kann.

Zunächst drückt sich der Wille (*Wille I*) in der Entscheidung für eine Tätigkeit aus. Die Entscheidung enthält aber immer mehr als nur ein Motiv, denn andere Motive werden nachgeordnet und ausgeschlossen. Diese Willenshandlung unterliegt demnach zwei (oder mehr) verschiedenen, tendenziell gegensätzlichen Motiven. Das bedeutet, dass eine Willenshandlung das Motiv beinhaltet, was man will, und gleichzeitig anderes ausschließt. Die unterschiedlichen Motive haben dabei verschiedene emotionale oder affektive Vorzeichen, welche in der Handlungspraxis miterlebt werden (Leont'ev 2005, S. 15, zitiert nach Jantzen 2008, S. 263 f.). Ein Motiv wäre also mit positiven und das andere mit negativen

Emotionen, Gefühlen oder Affekten besetzt (Jantzen 2015c, S. 41). Beide Motive sind in einer Entscheidung oder Entscheidungsfrage enthalten. Die Beachtung der gegensätzlichen Motive ermöglicht in der Praxis eine Entscheidung bzw. ermöglicht sie, die emotionale Situation des betreuten Menschen in einer Entscheidungsfrage umfassender verstehen zu können. Hinzu kommt ein bzw. mehrere unterschiedliche gegenständliche Bilder der Zukunft, welche neben den bestehenden Motiven wirken und mit dem Begriff Ziel definiert werden. Daraus ergibt sich der Begriff Zielmotiv.

> Frau F. entscheidet sich dafür, ihre eigene Wohnung aufzugeben und in ein Heim der Eingliederungshilfe zu ziehen. Sie fühlt sich in der eigenen Wohnung und mit der Selbstversorgung überfordert, obwohl sie gern in der Wohnung lebt. Nun informiert sie ihre rechtliche Betreuerin Frau P. über ihre Entscheidung. Trotz bestehender Zweifel, ob sie ihre alte, geliebte Wohnung wirklich aufgeben oder vielleicht doch besser eine Haushaltshilfe engagieren und mit dieser Hilfe in der Wohnung verbleiben soll, setzt Frau F. selbstständig ein Kündigungsschreiben auf.

Frau F. hat ein Bedürfnis, nämlich eine Überforderung zu beenden. Das Motiv betrifft zunächst die emotionale Seite der Entscheidung, hier das Gefühl, welches mit einer angemessenen Anforderung der Alltagsbewältigung einhergeht. Das Zielmotiv ist, in ein Heim der Eingliederungshilfe zu ziehen. Das widersprüchliche Zielmotiv ist, eine Haushaltshilfe zu engagieren, um in der Wohnung bleiben zu können. Dieses Zielmotiv enthält ebenfalls eine emotionale Seite, zum Beispiel ein Gefühl, dass es mit einer Haushaltshilfe auch schwierig werden könnte, oder das Gefühl, dass trotz praktischer Unterstützung die Überforderung im Alltag bleibt. In der Willenshandlung, nämlich das Kündigungsschreiben aufzusetzen, ist sowohl die Realisierung des Zielmotivs »Heim der Eingliederungshilfe« als auch die Überwindung des Zielmotivs »Haushalthilfe« enthalten. Erstgenanntes Zielmotiv wird von Frau F. realisiert, erscheint somit als dominantes Motiv. Zweitgenanntes Motiv wird von ihr überwunden, erscheint somit als subdominantes Motiv. Entscheidend ist, dass die (Ziel-)Motive und die Willenshandlungen von Gefühlen oder Affekten begleitet sind. Offensichtlich sind die Gefühle bezüglich des realisierten Zielmotivs eher positiv und die des überwundenen Zielmotivs eher negativ. Aufgrund dessen kommt es zur Umsetzung der Willenshandlung, hier ein Kündigungsschreiben aufzusetzen.

Mit diesen Differenzierungen wird es für Frau P. möglich, konkreter das zu erfassen, was in Frau F. offensichtlich vorgegangen ist. Sie kann auf der Grundlage dieses Verständnisses eigene weitere Handlungsschritte, die beispielsweise die konkrete praktische Wohnungsauflösung und weitere Entscheidungen darüber, was zu entsorgen und was mitzunehmen sein könnte, betreffen, differenzierter und sensibler ausrichten. Ebenso kann sie in der Reflexion prüfen, ob sie ihr Handeln in der Begegnung mit der zweifelnden Frau F. angemessen ausgerichtet hat oder ob sie sie vielleicht zu sehr beeinflusst hat. Diese differenzierte Betrachtung und das daraufhin sensibel ausgerichtete Handeln sind im Beispiel umso wichtiger, da Frau F. eigentlich gerne in ihrer Wohnung lebt, zur Wohnung selbst offensichtlich ein gutes Gefühl hat, jedoch zu den Anforderungen, die der weitere Verbleib darin mit sich bringt – erlebt als Überforderung –, ein negatives Gefühl hat. Darüber hinaus ist es möglich, die Entscheidung, in ein Wohnheim zu ziehen, als zweckrationale Entscheidung zu verstehen und damit einhergehend die Gefühle zur Umzugsentscheidung als negativ einzuschätzen. Auch diese Interpretationsmöglichkeit erfordert eine differenzierte Betrachtung und sensibel ausgerichtetes Handeln.

Der *Wille II* zeigt sich im Gegensatz zu *Wille I* in Situationen, in denen eine Tätigkeit zur Bedürfnisbefriedigung bereits begonnen wurde. Während der Ausführung kann es zu Hindernissen und Zweifeln kommen, zum Beispiel die begonnene Tätigkeit aufgrund von sich ergebenden gegenläufigen Affekten aufgeben zu wollen. Der *Wille II* bzw. die Willenshandlung beinhaltet, gegenläufigen Affekten standzuhalten und die begonnene Tätigkeit durch die Willenshandlung aufrechtzuerhalten, damit ein Bedürfnis befriedigt werden kann (Jantzen 2015c, S. 41).

> Frau F. kommen während des Aufsetzens der Kündigung Gedanken, dass ein Wohnortwechsel doch ganz schön anstrengend sein kann, und sie beginnt zu zweifeln, ob sie sich wirklich in einem Heim der Eingliederungshilfe wohlfühlen wird. Sie denkt daran, dass es in ihrer Wohnung doch immer schöne Fernsehabende gegeben hat. Im nächsten Moment fallen ihr aber auch wieder die Überforderungssituationen ein. Sie setzt das Schreiben der Kündigung fort und informiert im Anschluss auch Frau P. darüber.

Erkennbar ist, dass während des Schreibens die Willenshandlung »Aufsetzen des Kündigungsschreibens« irritiert wird. Frau F. überwindet jedoch ein neues Motiv – »schöne Fernsehabende« – und hält stand. Das bedeutet, dass das ursprüngliche Zielmotiv mit den begleitenden positiven Emotionen beibehalten und die Tätigkeit fortgesetzt wird. *Wille I* und *Wille II* sind zwei voneinander getrennte Willensbildungen. Das Unterscheidungskriterium liegt im »Standhalten und Beibehalten« eines ursprünglichen Zielmotivs, welches im *Willen I* nicht inbegriffen ist. Auch hier kann die rechtliche Betreuerin Frau P. auf Basis dieser theoretischen Differenzierung erfassen, was in Frau F. offensichtlich vorgegangen ist. Sie kann auf Grundlage dieses Verständnisses eigene weitere Handlungsschritte differenzierter und sensibler ausrichten. Auch in der Reflexion kann sie prüfen, ob ihr Handeln angemessen ist bzw. missbräuchliche Einflussnahme stattgefunden hat.

Der Wille als Begehren oder Streben nach etwas existiert nicht selbstständig, sondern wird durch Emotionen oder Affekte beeinflusst oder gar bestimmt. Gefühle oder Emotionen beeinflussen eher über eine zeitliche Distanz hinweg, Affekte eher prompt.

Dieser Definitionen bedient sich auch das Konzept der »Unterstützten Entscheidungsfindung«. Die Wunschermittlung sowie die Wunschbefolgung oder -ablehnung als Aufgabe der rechtlichen Betreuungsperson begründen sich betreuungsrechtlich in der sogenannten Magna Charta des Betreuungsrechts, dem § 1821 BGB-neu. Es gilt demnach für die Betreuungspraxis, herauszufinden, was und warum sich der betreute Mensch das wünscht, was für ihn getan werden bzw. unterlassen werden soll. Darauffolgend gilt es, im Rahmen der Reflexion herauszufinden, ob und warum der Wunsch befolgt oder die Wunschbefolgung abgelehnt wird. Gleiches gilt für die Unterstützung und Begleitung im Rahmen der Eingliederungshilfe.

Die Suche nach dem Willen führt zu einem aktiven Subjekt, das innerhalb der Betreuungsbeziehung mit einer eigenen Weltsicht und einem eigenen Willen ausgestattet ist bzw. einen Willen aktiv bilden kann (Hinte 2019, S. 17). Darüber hinaus führt die Suche nach dem Willen, zunächst *Wille I*, zu der Frage, welche gegensätzlichen Motive ein Mensch koordiniert und welche Affekte die jeweiligen Motive begleiten. Beides muss nicht immer bewusst sein, kann aber im Dialog entdeckt und formuliert werden, um so eine Entscheidungsfindung zu unterstützen. Darüber hinaus führt die Suche nach dem Willen, jetzt *Wille II*, zur Frage, ob und welchen gegensätzlichen Affekten und Bedürfnissen in einer laufenden Tätigkeit ein unterstützter Mensch standhält oder welche Hindernisse er für sich wahrnimmt, um sein Handlungsziel zu verfolgen. Dies kann dann ein Verständnis für das Handeln fördern, und zwar auf beiden Seiten, wenn es im Dialog thematisiert werden kann.

Benötigt wird demnach die »kommunikative Situation, in der die Beteiligten ihre Sichtweisen wechselseitig respektieren, sich über ihre Interessen klar werden und dann versuchen, die Situation so zu gestalten, dass man möglichst vielen Interessen gerecht wird« (ebd.). Im Verständnis des Konzepts »Unterstützte Entscheidungsfindung« bedeutet »möglichst vielen Interessen gerecht zu werden« nicht, den Interessen des betreuten Menschen und der Fachkraft gerecht zu werden, denn die Interessen der Fachkraft spielen theoretisch betrachtet keine Rolle.

Um den Prozess einer Entscheidungsfindung und eine Entscheidung umfassender verstehen zu können, ist es notwendig, dass den unterschiedlichen widersprüchlichen (Ziel-)Motiven, die darin enthalten sind, ausreichend Beachtung geschenkt wird. Dies gilt in der Entscheidung zu Willenshandlungen *(Wille I)* und im Standhalten der Willenshandlung *(Wille II)*. Auftrag an die Fachkräfte ist damit, Bedingungen für solche Dialoge zu schaffen und sie zu organisieren, in denen dies kommunizierbar wird. Das Ziel ist, dass der Wunsch oder der Wille eines Menschen denkbar, artikulierbar und umsetzbar wird.

Wie ist es jedoch einzuschätzen, wenn isolierende Bedingungen vorliegen und Menschen nicht die Möglichkeit haben, einen Wunsch oder eine eigene Entscheidung zu formulieren und die konkrete Willenshandlung zu vollziehen – oder, um im Terminus des Konzepts der »Unterstützten Entscheidungsfindung« zu bleiben: ein Bedürfnis mittels eines Motivs zu befriedigen und ein gegenläufiges Motiv zu überwinden (Jantzen 2015c, S. 42)? Ausgeschlossen ist, dass aufgrund dessen ein objektives Wohl oder von außen angenommenes Interesse als Grundlage des eigenen Handelns angesehen werden kann. Der subjektive, rechtlich ausgedrückt mutmaßliche Wunsch oder Wille der betreuten Person ist zu ermitteln, und zwar durch den Dialog mit dem\*der Betroffenen, durch Befragung Dritter oder Recherche von Schriftstücken. Die praktische Umsetzung muss dann im Interesse des betreuten Menschen vollzogen werden.

Dies findet allerdings nicht ohne Maßstab statt, denn der Maßstab des Handelns für einen anderen Menschen lehnt sich zunächst an Artikel 2 des Grundgesetzes (GG) der Bundesrepublik Deutschland an, nämlich die freie Entfaltung der eigenen Persönlichkeit: Die Rechte anderer dürfen nicht verletzt werden, es darf nicht gegen die verfassungsmäßige Ordnung oder das Sittengesetz verstoßen werden (Artikel 2 (1) GG). Betreuungsrechtlich gesehen gibt es unter Bezugnahme auf § 1821 (3) BGB-neu nur zwei Gründe, die eine aktive Wunschrealisierung verhindern:

1.  Die Wunschrealisierung geht mit einer erheblichen Gefährdung der Person oder des Vermögens in Verbindung mit der fehlenden Möglichkeit, einen rechtserheblichen Willen zu bilden, einher oder
2.  die Wunschrealisierung ist für die Betreuungsperson unzumutbar (Brakenhoff & Lütgens 2022, S. 16 ff.).

Im Kern geht es damit um die Frage: Welchen eigenen Willen würde ein Mensch, wenn er ihn bilden und sein eigenes Handeln danach aktiv ausrichten könnte, in dieser konkreten Situation bilden? Außerhalb des Konzepts der »Unterstützten Entscheidungsfindung« ist es somit möglich, auf Grundlage eines mutmaßlichen Willens das stellvertretende betreuereigene Entscheiden und konkrete Handeln zu orientieren.

Im Unterschied zum sozialraumorientierten Konzept bei Wolfgang Hinte (2019), bei dem es im Weiteren um die Handlungsbereitschaft und den Vermittlungsversuch zwischen unterschiedlichen Interessen (Menschen, Gruppen, Institutionen etc.) geht, geht es im Konzept der »Unterstützten Entscheidungsfindung« darum, mit den Betroffenen in Dialog zu kommen und eine Abwägungsmöglichkeit unterschiedlicher Perspektiven zu eröffnen. Damit wird die sozialräumliche Orientierung beibehalten, was bedeutet, dass in der Begegnung der Dialog im Fokus steht. Die unterschiedlichen Perspektiven betreffen sowohl Wunsch als auch Wille und beinhalten konkrete Handlungsmöglichkeiten bezogen auf einen Sachverhalt und dessen Umsetzung (Möglichkeitsräume schaffen).

## Zu den Begriffen »natürlicher« und »freier Wille«

Die rechtliche Definition des Willensbegriffs beinhaltet die Fähigkeit, sich zu einem Verhalten aufgrund bewusster Motive zu entscheiden (Köbler 2001, S. 1924, 4874). »Das Merkmal ›natürlich‹ dient der begrifflichen Klarstellung, dass es neben dem natürlichen Willen auch einen rechtserheblichen Willen gibt, der aber von dem natürlichen Willen streng zu differenzieren ist« (Kirsch & Steinert 2006, S. 97). Die natürliche Willensbildung ist unabhängig von Attributen wie »vernünftig«, »klug« oder »nachvollziehbar«. »Natürlich« meint, auf natürlichem Weg geäußert: gesprochen, geschrieben, durch Mimik, Gestik, Kopfnicken oder Kopfschütteln etc. angezeigt. Der natürliche Wille kann jedoch dann nicht rechtserheblich sein, wenn Möglichkeiten der Selbststeuerung in Bezug auf Inhalte und Konsequenzen einer Entscheidung, also »bewusste Motive«, für den betroffenen Menschen nicht vorhanden sind. Soll ein Wille eine Rechtsfolge nach sich ziehen, das heißt rechtserheblich sein, so muss dieser Wille eben auch bezüglich des Inhalts und der Konsequenzen bewusst getroffen worden sein.

Frau R. ist mit der Diagnose »paranoid halluzinatorische Psychose« in stationärer psychiatrischer Behandlung. Die Symptome zeichnen sich durch das Hören von Stimmen, einen Vergiftungswahn sowie soziale

Rückzugstendenzen aus. Frau R. kann die Symptome nicht einer behandlungsbedürftigen Erkrankung zuordnen. Für sie sind ihre Halluzinationen und ihr Wahn die Realität. Eine medikamentöse Behandlung lehnt Frau R. während des Aufnahmegesprächs gegenüber dem aufnehmenden Arzt ab, da sie der Überzeugung ist, dass die Medikamente sie vergiften werden.

Deutlich wird mit diesem Beispiel, dass Frau R. mit natürlichem Willen im Aufnahmegespräch mündlich erklärt, keine Medikamente einnehmen zu wollen, sie demnach in die medikamentöse Behandlung nicht einwilligt. Ihre Begründung ist die Überzeugung, dass die Medikamente bei ihr eine Vergiftung auslösen. Die natürliche Willensbildung ist grundsätzlich, wie erwähnt, unabhängig von Attributen wie »vernünftig« im Sinne einer Einsichts- und Urteilsfähigkeit. Im Beispiel ist keine Selbststeuerung in Bezug auf ein bewusstes (Ziel-)Motiv im Sinne der Konsequenzen der Entscheidung erkennbar. Damit liegt weder eine rechtswirksame Einwilligung noch eine rechtswirksame Ablehnung vor. Insofern kann in diesem Beispiel nicht von einem rechtserheblichen Willen ausgegangen werden und die Entscheidung zieht keine Rechtsfolge nach sich. Dies bedeutet jedoch nicht, dass der natürliche Wille ignoriert werden darf oder gar eine Zwangsbehandlung legitimiert ist. Relevant ist nun zweierlei: zum einen, dass der natürliche Wille von sich aus keine Rechtswirksamkeit entfaltet; zum anderen, welche praktischen Schritte ärztlicherseits darauf aufbauend eingeleitet werden müssten, um eine Behandlung trotzdem Erfolg versprechend zu gestalten.

Dies kann so aussehen, dass zunächst aufgrund fehlender rechtswirksamer Einwilligung oder Ablehnung ohne medikamentöse Behandlung der Aufenthalt in der Psychiatrie mit der Überlegung fortgesetzt wird, dass Frau R. im Verlauf der nächsten Tage aufgrund einer allgemeinen Beruhigung insofern einsichts- und steuerungsfähig wird, dass sie eine erwartete positive Wirkung der Medikation annehmen kann und in sie rechtswirksam einwilligt. Ebenso könnte es bedeuten, dass Frau R. einsichts- und steuerungsfähig wird und unabhängig von ihren Symptomen mit realistischen Begründungen die Medikation rechtswirksam ablehnt.

Darüber hinaus kann eine Folge sein, dass ärztlicherseits eine Erforderlichkeit für eine rechtliche Betreuung gesehen wird und eine solche bei dem zuständigen Betreuungsgericht beantragt wird. Damit wäre eine rechtliche Betreuungsperson in der fachlichen Verpflichtung, im Dialog und in einer Unterstützten Entscheidungsfindung gemeinsam mit Frau R. herauszufinden, welche Bedürfnisse mit einer Entscheidung befriedigt werden sollen. Dem nachrangig könnte ein rechtlicher Betreuer anstelle von Frau R. in die Behandlung stellvertretend einwilligen und diese Einwilligung im Weiteren betreuungsgerichtlich im Antragsverfahren genehmigen lassen. Grundlage muss dann eine erhebliche Selbstgefährdung in Verbindung mit fehlender rechtserheblicher Willensbildung aufseiten von Frau R. sein. In Bezug zu § 104 BGB wird hier auch von fehlender freier Willensbildung gesprochen. Gemeint ist damit, »frei« von einer Beeinflussung der Selbststeuerung in Bezug auf die Konsequenzen einer Entscheidung bzw. Willensbildung. Beide Möglichkeiten wären praxisbezogen denkbar. Es kommt nun auf die Einschätzung der Praktiker*innen an, welche Möglichkeit zu bevorzugen ist. Grundlage ist die zunächst bestehende Einwilligungsunfähigkeit, die sich jedoch im Verlauf, unabhängig von der Einrichtung einer rechtlichen Betreuung, zur Einwilligungsfähigkeit entwickeln kann. Die Einwilligungsfähigkeit kann sich im weiteren Verlauf, trotz bestehender Symptomatiken, wie folgt darstellen:

> Frau R. ist nach Abschluss der letzten stationären psychiatrischen Behandlung erneut zur Aufnahme in die Psychiatrie gekommen. Die Symptome haben sich erneut in den Vordergrund gedrängt, allerdings geht Frau R. trotz vorliegendem Vergiftungswahn nicht mehr davon aus, dass auch Medikamente sie vergiften könnten. Vielmehr ist sie dieses Mal der Überzeugung, dass sie durch Berührung eines anderen Menschen vergiftet werde. Aufgrund dessen vermeidet es Frau R., anderen Menschen zur Begrüßung die Hand zu geben. Die Einnahme ärztlich verordneter Medikamente hält sie mittlerweile für hilfreich. Im Aufnahmegespräch erklärt sie, dass sie in die Medikamentenbehandlung einwilligt.

In diesem Beispiel ist von einem rechtserheblichen Willen auszugehen. Die rechtserhebliche Willensbildung zieht als Rechtsfolge nach sich, dass die Einwilligung rechtswirksam ist und der behandelnde Arzt frei von dem strafrechtlichen Vorwurf der Körperverletzung behandeln darf. Grund dafür ist, dass Frau R. trotz vorliegender Diagnose bzw. Erkrankung und Symptomen in der Lage ist, steuerungsfähig die Konsequenzen der Entscheidung, Medikamente einzunehmen, erschließen kann. Der rechtserhebliche Wille läge in diesem Fall jedoch auch dann vor, wenn Frau R. steuerungsfähig die Konsequenzen der Entscheidung, Medikamente nicht nehmen zu wollen, absehen kann und danach die Einwilligung ablehnt. Ob dies »von außen gesehen« als vernünftige Entscheidung betrachtet wird, ist unerheblich.

Die rechtserhebliche Willensbildung zieht eine Rechtsfolge nach sich und wird als »freier« Wille bezeichnet. Demgegenüber wird unter dem natürlichen Willen verstanden, dass keine Rechtsfolge eintritt und der Wille lediglich auf natürlichem Weg geäußert wird. Beides kann sowohl die Geschäftsfähigkeit als auch die Einwilligungsfähigkeit betreffen.

## Zum Verhältnis der Begriffe »Wille« und »Präferenz«

Entscheidend ist im Konzept der »Unterstützten Entscheidungsfindung«, dass ein Wille, unabhängig davon, ob es sich im rechtlichen Verständnis um einen natürlichen Willen oder einen freien, rechtserheblichen Willen handelt, konkretes Handeln, sprich Willenshandlungen ermöglicht.

Der Wille im Spiegel der UN-BRK und im Konzept »Unterstützte Entscheidungsfindung« enthält in Anlehnung an Aleksej N. Leont'ev (2005) und Wolfgang Jantzen (2008) vier Merkmale. Zunächst zum *Willen I*:

○ Es gibt die Möglichkeit, zwischen verschiedenen infrage kommenden Motiven zur Befriedigung eines Bedürfnisses zu wählen.
○ Die Motive sind widersprüchlich und von Emotionen oder Affekten begleitet.
○ Die emotionalen oder affektiven Vorzeichen der beiden Motive sind jeweils positiv *und* negativ.
○ In der Willenshandlung sind (mindestens) zwei Motive zu koordinieren, was bedeutet, dass eines davon zu überwinden und eines davon zu realisieren ist.

Davon unabhängig kann der *Wille II* betrachtet werden. Um eine Tätigkeit aufgrund von nicht erwarteten Hindernissen nicht abzubrechen, wird der *Wille II* relevant: Mit ihm wird nach Möglichkeiten zur Überwindung der Hindernisse gesucht. Relevant ist bei dem *Willen II,* dass es bei dem bestehenden Motiv bleibt, allerdings kann sich der Weg zur Verfolgung des ursprünglichen Motivs ändern.

Deutlich wird mit den vier Merkmalen des Willens, dass konkretes Handeln ermöglicht wird. Eine Präferenz drückt im Konzept der »Unterstützten Entscheidungsfindung« noch keine eindeutige Möglichkeit einer konkreten Handlung aus. Vielmehr wird mit dem Begriff der Präferenz in Anlehnung an den lateinischen Begriff »praeferre« das allgemeine Vorziehen einer Sache gegenüber einer anderen verstanden. Dabei spielen Erfahrungen im Sinne »bewährter Handlungen«, sprich Handlungen und deren wahrgenommene positive Folgen, eine Rolle, sodass diese eine bestehende, aktuelle Vorliebe herausgebildet haben. Entscheidungen sowie die Bedürfnisbefriedigung in der Motivumsetzung und

Motivüberwindung sind davon geprägt und zukünftige Willenshandlungen können danach ausgerichtet werden.

Auch wenn das Vorziehen einer Sache gegenüber einer anderen selbst als ein aktiver Akt verstanden werden kann, liegt der Fokus darauf, dass eine bloße Vorliebe, also eine Präferenz, im Augenblick noch nicht auf tatsächliche Willenshandlungen abzielt. In Abgrenzung zu dem Wunsch-Begriff bei Wolfgang Hinte (2019) ist mit der Präferenz auch nicht der Wunsch verbunden, dass eine andere Person etwas für einen selbst tun, sprich konkret handeln soll. Auf der Grundlage einer Präferenz muss, sofern konkretes Handeln das Ziel ist, erst der Wille oder der Wunsch und durch das Bestimmen eines Bedürfnisses und der widersprüchlichen Motive mit den jeweiligen Affekten herausgefunden werden, welches Handeln bevorzugt wird. Im Dialog kann das Herausfinden gemeinsam gestaltet werden, häufig wird das Herausfinden jedoch im Alltag auch ohne Beteiligung anderer vollzogen.

> Bei ihren Bankangelegenheiten ist Frau E. sehr zurückhaltend und sagt, dass sie großen Wert darauf lege, auch weiter zu »ihrer« Bankfiliale gehen zu können. Dort würde man sich immer sehr gut um sie kümmern und ihre zurückhaltende Art respektieren.

In diesem Beispiel wird das Vorziehen einer Sache gegenüber einer anderen erkennbar. Frau E. zieht es vor, bei Bankgeschäften eher zurückhaltend und nicht impulsiv und forsch zu sein. Auch zieht sie es vor, bei ihrer Bankfiliale zu bleiben. Aufgrund der gemachten positiven Erfahrungen, dass sich in ihrer Bankfiliale um sie gekümmert und ihre Zurückhaltung respektiert wird, sind ihre bisherigen Bankbesuche bei ihrer Filiale bewährte Handlungen. Die bewährten Handlungen und als positiv wahrgenommenen Folgen prägen ihre herausgebildete Vorliebe, weiterhin in einer zurückhaltenden Art Bankgeschäfte zu tätigen und bei ihrer Bankfiliale zu bleiben. Dies stellt ihre Präferenz dar, die im Beispiel noch zu keiner Willenshandlung führt, also ohne konkret anstehendes Bankgeschäft.

> Frau E. erhält per Post eine Mahnung. Offensichtlich hat sie nach einer von ihr getätigten Bestellung die Rechnung noch nicht beglichen. Dies ist ihr sehr peinlich und sie will die Forderung schnellstmöglich begleichen. Sie überlegt, ob sie dies selbst bei einem Bankbesuch erledigen oder die Forderung eher ihrem rechtlichen Betreuer, der auch für die Vermögenssorge zuständig ist, übergeben soll, um sich nicht der Peinlichkeit in der Bankfiliale auszusetzen. Frau E. entscheidet sich dafür, das Bankgeschäft selbstständig zu tätigen, denn was solle schon passieren, sie sei doch schließlich eine respektierte Kundin.

Der Begriff *Wille I* wird im Folgenden anhand der genannten vier Merkmale analysiert:

1.  Es gibt die Möglichkeit, zwischen verschiedenen infrage kommenden Motiven zur Befriedigung eines Bedürfnisses zu wählen: Das Bedürfnis ist, die Forderung zu begleichen. Ein weiteres Motiv ist, selbst die Überweisung bei einem Bankbesuch zu tätigen. Ein widersprüchliches Motiv ist, dies nicht zu tun, um sich die Peinlichkeit vor Ort zu ersparen, und dem rechtlichen Betreuer die Überweisung zu überlassen.

2.  Die Motive sind widersprüchlich und von Emotionen oder Affekten begleitet: Auf einer Gefühlsebene ist Frau E. hin- und hergerissen, sich der selbst vorgestellten Peinlichkeit auszusetzen oder nicht. Affektiv geleitet, entscheidet sich Frau E. schließlich dafür.

3.  Die emotionalen Vorzeichen der beiden Motive sind jeweils positiv und negativ: Das negative Vorzeichen ist in der vorgestellten Peinlichkeit zu finden. Frau E. könnte sich vorstellen, dass dies ein schlechtes Bild auf sie wirft. Das positive Vorzeichen könnte sein, die Sache selbst zu regeln und damit sich selbst und anderen zu zeigen, dass sie handlungsfähig ist.

4.  In der Willenshandlung sind die zwei Motive zu koordinieren, was bedeutet, dass eines davon zu überwinden und eines davon zu realisieren ist, sodass das dominante Motiv umgesetzt werden kann: In der Umsetzungspraxis, das Bankgeschäft selbst zu tätigen, zeigt sich, dass dies das dominante Motiv ist. Das subdominante Motiv, dem rechtlichen Betreuer die Sache zu übergeben, um sich nicht eine Peinlichkeit zuzumuten, wird überwunden.

Auch der *Wille II* lässt sich anknüpfend an das Beispiel darstellen. Entscheidend ist an dieser Stelle, dass *Wille I* und *Wille II* theoretisch zwei voneinander unabhängige Willen sind.

Als Frau E. in der Schlange am Bankschalter steht, überkommt sie ein mulmiges Gefühl, sodass sie überlegt, ob sie nicht doch besser wieder gehen sollte. Vielleicht denkt die Bankmitarbeiterin am Schalter doch von ihr, dass sie aufgrund ihres Alters schon sehr vergesslich, eventuell schon dement sei. Dennoch entscheidet sich Frau E. schließlich, bei der Sache zu bleiben und die Überweisung zu tätigen, sodass die Forderung zügig beglichen ist. Es könne ja jedem passieren, dass mal eine Rechnung übersehen wird.

Mit diesem Beispiel wird deutlich, dass sich während einer Willenshandlung, nämlich das Bankgeschäft zu tätigen, Hindernisse ergeben können. Hier der Zweifel, was die Bankangestellte denn von Frau E. halten könnte. Sie überwindet dieses Hindernis und bleibt trotz negativem Gefühl bei ihrem ursprünglichen Motiv, das Bankgeschäft selbstständig zu tätigen.

In der rechtlichen Betreuungspraxis und auch in der Praxis der Eingliederungshilfe ist es wichtig, um einen anderen Menschen in der Unterstützung und Begleitung verstehen zu können, anhand der Definitionen von »Wille« und »Präferenz« herauszufinden, was und warum der unterstützte Mensch etwas will oder etwas ablehnt. Das Verstehenwollen der Motive und der begleitenden Emotionen führt zu der Ermöglichung des Dialogs, in dem diese zum Ausdruck gebracht werden können.

## Zum Begriff des Rechts

Der Begriff des Rechts stellt die sogenannte Rechtsordnung mit einem verbindlichen Charakter dar und enthält sowohl ermöglichende als auch einschränkende Normen. Die UN-BRK hat innerhalb der Gemeinschaft der Vertragsstaaten Gesetzesrang und betrifft unter anderem das Betreuungsrecht nach § 1814 BGB-neu sowie das Recht der Eingliederungshilfe nach dem SGB IX. Das Recht enthält Normen, die Unterstützung ermöglichen: Im Betreuungsrecht wird damit das Unterstützungsprinzip (siehe Lipp 2008), im Recht der Eingliederungshilfe das Assistenzprinzip verwirklicht.

Ebenso enthält das Recht einschränkende Normen, die das Schutzprinzip realisieren. Dies können beispielsweise sein die hoheitliche Anordnung eines Einwilligungsvorbehalts zum Schutz vor finanzieller Selbstschädigung oder auch der Schutz vor erheblicher Selbstgefährdung durch eine betreuungsrechtliche Unterbringung als freiheitsentziehende Maßnahme nach § 1831 BGB-neu, die dann in einer Einrichtung der besonderen Wohnform realisiert wird.

Die Rechtsordnung beinhaltet auch das subjektive Recht, also die konkrete Rechtsmacht des*der Einzelnen, auf Grundlage einer Rechtsnorm von einer anderen Person ein bestimmtes Tun oder Unterlassen verlangen zu können. Menschen mit Behinderungen haben auf Grundlage der Rechtsordnung, hier des Artikels 12 (2) der UN-BRK, das subjektive Recht auf Beachtung ihrer Rechts- und Handlungsfähigkeit. Dies gilt auch in den Unterstützungsprozessen bzw. Maßnahmen, die ihre subjektive Rechts- und Handlungsfähigkeit erst ermöglichen, zum Beispiel im Innenverhältnis betreuter Mensch und Betreuer*in.

# Recht im Innen- und Außenverhältnis

Das Konzept der »Unterstützten Entscheidungsfindung« enthält in Anlehnung und Ergänzung zu Hemma Mayrhofer folgende vier zentrale Merkmale, auf die der Mensch mit Unterstützungsbedarf ein subjektives Recht hat. Diese vier zentralen Merkmale müssen im Innenverhältnis betreuter Mensch und Betreuer*in gesichert sein (Mayrhofer 2013, S. 2 f.):

1. Die Einwilligungs- und Geschäftsfähigkeit werden im Innenverhältnis immer bejaht, obwohl diese nach rechtlicher Definition im Außenverhältnis, also gegenüber Dritten, unter Umständen eingeschränkt sind oder auch gar nicht vorliegen können.

2. Die Unterstützungsbeziehung ist freiwillig, sie kann daher jederzeit durch den Menschen mit Unterstützungsbedarf beendet werden, auch ohne oder mit nur eingeschränkter Geschäftsfähigkeit bzw. mit partieller Geschäftsunfähigkeit.

3. Ein Mensch mit Unterstützungsbedarf soll motiviert werden, aktiv an Entscheidungsfindungsprozessen zu partizipieren. Er soll bei dem Herausfinden bzw. der Verwirklichung seines Wunsches oder Willens unterstützt werden.

4. Entscheidungen, die mithilfe Unterstützter Entscheidungsfindung gefällt worden sind, sind im Innenverhältnis verbindlich. Sie stellen eine Norm, das heißt einen Maßstab hin zum konkreten Handeln oder Unterlassen dar.

Diese Merkmale bilden den Rahmen eines ergebnisoffenen Prozesses, in dem mittels des Dialoges ein Wunsch oder ein Wille und das folgende konkrete Handeln oder Unterlassen, sprich die Entscheidung, gemeinsam erarbeitet werden. Dies gilt bezogen auf eine bereits getroffene Entscheidung selbst, aber auch bei Entscheidungsfragen, die noch nicht entschieden sind, so zum Beispiel darüber, ob ein Prozess der Unterstützten Entscheidungsfindung weiterlaufen oder beendet werden soll.

Das subjektive Recht im Innenverhältnis bezieht sich auf die bedingungslose Anhörung und Interpretation der Wunsch-, Präferenz- oder Willensäußerung des betreuten Menschen. Es besteht immer die Verpflichtung für die Betreuungsperson, jegliche verbale, para- oder nonverbale Äußerung wahrzunehmen. Diese sind hinsichtlich eines eventuellen Wunsches, einer Präferenz oder eines Willens zu interpretieren, und zwar unabhängig von hoheitlichen Anordnungen, sprich gerichtlichen Entscheidungen oder anderen rechtlichen Einschränkungen der Einwilligungs- und Geschäftsfähigkeit im Außenverhältnis.

Um dies zu differenzieren, werden im Folgenden die Begriffe der Einwilligungs- und Geschäftsfähigkeit vertieft.

# Definition der Einwilligungsfähigkeit

Der Bundesgerichtshof (BGH) versteht unter der Einwilligungsfähigkeit die Gestattung oder Ermächtigung zur Vornahme tatsächlicher Handlungen, die in einen Rechtskreis der gestattenden Person eingreifen (BGHZ 1958, S. 34–38). Der Gesetzgeber definiert die Einwilligungsfähigkeit eines Menschen somit unabhängig von einem Unterstützungsbedarf, einer Behinderung, einer psychiatrischen Diagnose oder vom Lebensalter. Die Einwilligungsfähigkeit wird vielmehr anhand der aktuell vorhandenen oder nicht vorhandenen natürlichen Einsichts- und Steuerungsfähigkeit eines Menschen beurteilt. Rechtlich betrachtet ist die Einwilligungsfähigkeit vom allgemeinen Recht theoretisch abgeleitet und vom Wesen her dichotom – *entweder* ist ein Mensch einsichts- und steuerungsfähig *oder* er ist es nicht (Kirsch & Steinert 2006, S. 99 f.). Die Einsichtsfähigkeit bezieht sich dementsprechend als kognitives Element darauf, die Art, Bedeutung und Tragweite einer Maßnahme erfassen zu können. Die Steuerungsfähigkeit ist ein sogenanntes voluntatives Element und meint somit, aufgrund der Einsichtsfähigkeit »mit Absicht« einen Willen bestimmen zu können. Dabei ist die Einwilligungsfähigkeit immer auf die konkret durchzuführende Maßnahme zu beziehen (ebd. S. 100).

Aus medizinischer und psychologischer Perspektive, zum Beispiel bei bevorstehenden Heilbehandlungen, oder auch aus betreuungsrechtlicher Perspektive, etwa bei einer anstelle des betreuten Menschen gegebenen Entbindung der Schweigepflicht der Behandelnden gegenüber Dritten, wird die Einwilligungsfähigkeit vom Tatsächlichen hin zum theoretischen Konstrukt der rechtlichen Definition betrachtet. Das heißt: Hinweise zur Einschätzung der Einwilligungsfähigkeit sind aus der tatsächlichen Gesprächssituation bzw. aus empirischen Belegen gewonnen worden. Diese Belege sind von ihrem Wesen her nicht dichotom und können daher nur annäherungsweise unter Berücksichtigung unterschiedlicher Einflussfaktoren helfen, die Einwilligungsfähigkeit im konkret vorliegenden Fall zu beurteilen (Kirsch & Steinert 2006, S. 99 f.). Zur Beurteilung der Einwilligungsfähigkeit im Rahmen werden in der Praxis Instrumente, zum Beispiel das »MacArthur Competence Assessment Tool« (Grisso & Appelbaum 1998), eingesetzt. Folgende Fähigkeiten werden mit diesem Instrument in der Gesprächssituation eruiert:

- Fähigkeit zum Verständnis der relevanten Informationen,
- Fähigkeit, diese Informationen rational zu verarbeiten,
- Fähigkeit zur Einsicht in die Situation und die möglichen Konsequenzen,
- Fähigkeit zum Mitteilen einer Entscheidung.

Erst mit der fachlichen Beurteilung kommt es zur dichotomen, gleichwohl subjektiv durch Annäherung erlangten Einschätzung, ob ein Mensch im konkreten Fall einwilligungsfähig ist oder nicht.

Im Streitfall, so zum Beispiel bei strafrechtlicher Relevanz der Körperverletzung durch einen vorgenommenen Eingriff bei dem behandelten – aber fragwürdig einwilligungsfähigen – Menschen, sind Konflikte in der Kommunikation zwischen Jurist*innen und Behandler*innen bzw. Fachkräften anderer Professionen absehbar. Die geforderte theoretische juristische Dichotomie muss anhand der tatsächlichen subjektiven Einschätzung der Behandelnden aufgrund ihrer Annäherungen im vorliegenden strittigen Einzelfall beurteilt werden. Demnach wird im Streitfall der umgekehrte Weg bestritten: vom theoretischen Konstrukt der Einwilligungsfähigkeit zu den tatsächlichen Bedingungen. Dies wird durch den Umstand hervorgebracht, dass die Einwilligungsfähigkeit primär ein juristischer Begriff ist, der in anderen Wissenschaften konzeptionell nicht zwingend verankert ist, allerdings durch die Anwendung in der Praxis umgesetzt werden muss (Kirsch & Steinert 2006, S. 99). Die dargestellte Gegenläufigkeit ist häufig Ausgangspunkt von Konflikten bezüglich der Einwilligungsfähigkeit.

Die Einwilligungsfähigkeit bezieht sich auf die Gestattung oder Ermächtigung zur Vornahme tatsächlicher Handlungen an der eigenen Person bzw. in einem eigenen Rechtskreis. Der Gesetzgeber definiert die Einwilligungsfähigkeit eines Menschen somit unabhängig von einem Unterstützungsbedarf, einer Behinderung, einer psychiatrischen Diagnose oder vom Lebensalter.

# Definition der Geschäftsfähigkeit

Die Geschäftsfähigkeit ist die Fähigkeit, mit rechtlicher Wirkung durch eigene Handlung Rechtsgeschäfte vornehmen zu können (Köbler 2001, S. 1924, 4874). Normiert ist die Geschäftsfähigkeit in § 104 BGB. Geschäftsunfähig ist demnach:

1. »wer nicht das siebente Lebensjahr vollendet hat,
2. wer sich in einem die freie Willensbestimmung ausschließenden Zu-

stand krankhafter Störung der Geistestätigkeit befindet, sofern nicht der Zustand seiner Natur nach ein vorübergehender ist«.

Ein Rechtsgeschäft abschließen zu können ist Teil des im BGB verankerten Prinzips der Privatautonomie, das Grundlage dafür ist, Rechte und Pflichten zu begründen bzw. zu haben (Kirsch & Steinert 2006, S. 101). Ein Rechtsgeschäft besteht aus einer oder mehreren Willenserklärungen, die allein oder in Verbindung mit anderen eine Rechtsfolge herbeiführen (ebd.). Der Gesetzgeber geht grundlegend von bestehender Geschäftsfähigkeit aus und legt in § 104 BGB fest, wann diese nicht vorliegt, zum Beispiel wenn sich ein Mensch im Zustand krankhafter Störung der Geistestätigkeit, der *nicht vorübergehender* Natur ist, befindet (§ 104 Nr. 2 BGB). Eine Willenserklärung, die in einem solchen Zustand getroffen wurde, entfaltet nach § 105 BGB keine Rechtswirksamkeit. Der Paragraf bestimmt die Nichtigkeit der Willenserklärung wie folgt:

o   Die Willenserklärung eines Geschäftsunfähigen ist nichtig.

o   Nichtig ist auch eine Willenserklärung, die im Zustand der Bewusstlosigkeit oder vorübergehender Störung der Geistestätigkeit abgegeben wird.

Die Geschäftsfähigkeit kann jedoch auch beschränkt werden durch gesetzliche Regelung. Die Geschäftsunfähigkeit kann darüber hinaus partiell, das heißt nicht gesetzlich normiert, sondern in einem konkreten gegenständlichen Bereich (etwa finanzielle Angelegenheiten) aufgrund fehlender Fähigkeit zur sogenannten vernünftigen Abwägung vorliegen.

Aus den beiden Definitionen ergibt sich, dass der Geschäftsfähigkeit die Einwilligungsfähigkeit vorausgesetzt ist. Soll ein rechtswirksames Rechtsgeschäft eingegangen werden, muss eine Einsichts- und Steuerungsfähigkeit vorliegen. Bei nicht vorliegender oder beschränkter Geschäftsfähigkeit geht somit der Gesetzgeber davon aus, dass erst mit einem definierten Lebensalter eine Einsichts- und Steuerungsfähigkeit möglich ist. Wer geschäftsfähig ist, ist auch einwilligungsfähig und kann demnach beispielsweise in Heilbehandlungen einwilligen. Umgekehrt jedoch setzt die Einwilligungsfähigkeit nicht die Geschäftsfähigkeit nach § 104 BGB voraus. Die Einwilligung darin, dass ein anderer Mensch »an oder mit mir bzw. meinen Rechten selbst« etwas tun darf, liegt dann vor, wenn die betroffene Person den Inhalt und die Folgen einer Behandlung erkennen und nach dieser Erkenntnis handeln kann – also entweder zustimmt oder ablehnt. Dieselbe Person könnte jedoch nach § 104 BGB geschäftsunfähig sein.

Herr U. kann keine Einsicht in seine finanziellen Angelegenheiten, zum Beispiel in notwendige und nicht notwendige Ausgaben, entwickeln. Er möchte sich gerne einen Porsche kaufen, kann aber nicht erkennen, dass er nur 450 Euro der Grundsicherung als Einnahme erhält. Herr U.

sucht einen Ford-Händler auf und will dort einen Neuwagen der Marke Porsche kaufen.

Um geschäftsfähig ein Auto kaufen zu können, muss Herr U. bezogen auf das Rechtsgeschäft Inhalt und Konsequenzen absehen und danach handeln können. Er muss also eine Einsicht in das Rechtsgeschäft gewinnen und nach dieser Einsicht steuerungsfähig handeln können, sprich die Kriterien der Einwilligungsfähigkeit erfüllen. Beides kann Herr U. in diesem Beispiel nicht, er ist also nicht einwilligungsfähig und demnach kann er auch nicht rechtswirksam ein Auto kaufen, er ist geschäftsunfähig.

Herr U. ist, wie beschrieben, geschäftsunfähig. Er muss sich einer zahnärztlichen Behandlung unterziehen. Der Zahnarzt klärt ihn über die Diagnose »Loch im Zahn« und die Behandlungsabsicht »Bohren und Füllung« auf. Herr U. versteht, dass seine Zahnschmerzen von dem Loch im Zahn herrühren, und kann angemessen verstehen, dass die Behandlung mit einer Füllung notwendig und richtig ist.

Herr U. kann rechtswirksam in die Behandlung einwilligen oder auch die Einwilligung verweigern. Er ist einsichts- und steuerungsfähig und demnach trotz vorliegender Geschäftsunfähigkeit einwilligungsfähig. Eine Ausnahme besteht bei der Sachlage, dass eine Person zwar geschäftsfähig ist, jedoch im vorübergehenden Zustand eines Vollrausches einen Porsche kaufen will. Trotz eines solchen Vollrausches bleibt die Person nach § 104 Nr. 2 BGB geschäftsfähig, obwohl sie im Zustand des Vollrausches keine Einsichts- und Steuerungsfähigkeit für den Kauf entwickeln kann, sie also einwilligungsunfähig wäre. Die Rechtsunwirksamkeit des Rechtsgeschäfts ergibt sich bei dieser Konstellation aus § 105 (2) BGB, da in diesem Fall eine Willenserklärung im Zustand vorübergehender Störung der Geistestätigkeit abgegeben wird.

Durchaus können geschäftsunfähige Menschen, insofern sie aus rechtlicher Perspektive einsichts- und steuerungsfähig sind, in ärztliche Heilbehandlungen einwilligen oder diese ablehnen.

Die Geschäftsfähigkeit bezieht sich auf die Fähigkeit, mit rechtlicher Wirkung durch eigene Handlung Rechtsgeschäfte vornehmen zu können. Der Gesetzgeber geht mit § 104 BGB von einer grundsätzlichen Geschäftsfähigkeit aus, die nur durch Ausnahme eingeschränkt oder nicht vorliegend sein kann.

Konkret bedeutet dies für Prozesse Unterstützter Entscheidungsfindung mit Rückgriff auf Artikel 12 der UN-BRK Folgendes: Unabhängig von der rechtlichen

Bewertung der Einwilligungs- und Geschäftsfähigkeit müssen im Dialog, der im Innenverhältnis verortet ist, zwischen Betreuer\*in und betreuter Person mit Unterstützungsbedarf alle Äußerungen als interpretierfähig und als zu interpretieren aufgefasst werden. Dies entspricht dem Recht der betroffenen Person auf Unterstützung der Rechts- und Handlungsfähigkeit auf der Grundlage des Artikels 12 (3) der UN-BRK. Erst im Hinblick auf den rechtserheblichen Willen, also auf die Rechtsfolgen gegenüber Dritten im Außenverhältnis, werden die Einwilligungsfähigkeit und die Geschäftsfähigkeit von Bedeutung.

Diese Bedeutung hat jedoch im Rückschluss auf das Innenverhältnis Folgen für die Frage, ob und was eine Betreuungskraft tun muss, um rechtswirksame Entscheidungen herbeiführen zu können. Ein rechtlicher Betreuer könnte gegebenenfalls anstelle eines Betroffenen einen Vertrag oder einen Antrag unterzeichnen. Eine Betreuungskraft, die diese Befugnis nicht hat, zum Beispiel die Bezugsbetreuerin der Wohneinrichtung für Menschen mit Behinderung für Herrn D. im obigen Beispiel, könnte in der kontoführenden Bank den Sachbearbeiter über die Rechts- und Handlungsfähigkeit aufklären. Gegebenenfalls könnte sie einen Antrag auf Einrichtung einer rechtlichen Betreuung bei dem zuständigen Betreuungsgericht stellen oder dafür Sorge tragen, dass eine bereits bestehende Vollmacht von einem Vollmachtnehmer umgesetzt wird. Entscheidend wird nun, was der Betroffene in einem vorliegenden Fall will bzw. was er nicht oder nicht mehr will. Insofern werden nunmehr der Wille und die Präferenz, ausgehend aus Artikel 12 (4), relevant.

Bezogen auf das Innenverhältnis heißt das: Im solidarischen Miteinander, also im Dialog, können im Prozess der Interpretation von Äußerungen, Motiven und Bedürfnissen des betreuten Menschen isolierende Bedingungen deutlich werden. So könnte die Fähigkeit zur Einsicht und Steuerung einer Willenshandlung fehlen und damit eine isolierende Bedingung vorliegen. Isolierende Bedingungen gelten dann für den einmaligen vorliegenden Fall, das heißt zu *einer* bevorstehenden Entscheidung, zu der ein betreuter Mensch Unterstützung benötigt. Damit stellt sich die Frage, ob und wie diese isolierende Bedingung im Dialog abgebaut werden kann.

Bezogen auf das Außenverhältnis hat das zur Folge: Die fehlende Fähigkeit, Einsichten zu entwickeln, und die fehlende Steuerungsfähigkeit münden nach rechtlicher Auffassung in der Einwilligungsunfähigkeit und sind als rechtlich einschränkend anzusehen. Allerdings ist dies einmalig auf diesen einen Fall bezogen – und wirkt rechtlich gesehen nur im Außenverhältnis gegenüber Dritten. Für das Innenverhältnis gilt weiterhin: Eine gleiche Entscheidungsfrage unter gleichen Bedingungen zu einem gleichen Sachverhalt ist als neue einmalige Entscheidungsfindung bezogen auf einen neuen einmaligen Sachverhalt aufzufassen. Sie muss von der rechtlichen Betreuungsperson mittels der Interpretation der Ausdrücke im ergebnisoffenen Dialog erneut überprüft werden – auch dann, wenn gegebenenfalls hoheitliche Anordnungen, die eine Einschränkung der Rechts- und Handlungsfähigkeit darstellen, vorliegen. Sie ist nicht in Anlehnung an vormals bestrittene Prozesse und getroffene Entscheidungen zu begreifen.

> Herr C. wird rechtlich betreut. Es ist ihm stets sehr wichtig, über einen gesamten Monat hinweg mit seinen Einnahmen auszukommen (Präferenz, Wunsch). Gegenüber seinem rechtlichen Betreuer äußert er jedoch zu Beginn des Monats Januar, dass er sein komplettes Monatseinkommen an eine gemeinnützige Institution spenden will (Wille). Im Rahmen des Prozesses der Unterstützten Entscheidungsfindung nimmt er nach reiflicher Abwägung davon Abstand. Im März desselben Jahres will Herr C. erneut sein gesamtes Einkommen an einen Tierschutzverein spenden.

Obwohl es sich in beiden Fällen um den gleichen Sachverhalt handelt, der unter Umständen sogar unter die gleichen isolierenden Bedingungen fällt, ist es im Konzept der »Unterstützten Entscheidungsfindung« nicht möglich, die Willensäußerung im März unter Rückblick auf die Entscheidungssituation im Januar zu ignorieren bzw. diesen Willen im Rückblick auf den Januar abzulehnen. Die Entscheidungssituation im März unterliegt erneut dem subjektiven Recht des Betroffenen auf »neue« Interpretation durch die Betreuungsperson, da er unter Umständen im März die Befriedigung eines anderen Bedürfnisses und damit ein anderes Motiv als im Januar verfolgt. Dies gilt es erneut im solidarischen Miteinander, das heißt im Dialog, herauszufinden.

An dieser Stelle ist ein hohes Reflexionsvermögen notwendig, da wir doch im Verstehensprozess aktuelle Situationen und Sachverhalte immer im Spiegel unserer bisher gemachten Erfahrungen, unserer Gegenwart und unseren Erwartungen an die Zukunft (Jantzen 1990, S. 45, 51) auffassen. Demnach sind wir schnell verleitet, aufgrund dessen Annahmen zugrunde zu legen – ähnlich dem vorliegenden Fall –, die nicht im solidarischen Miteinander entwickelt wurden. Diese Zusammenhänge gilt es in der Praxis nach dem Konzept der »Unterstützten Entscheidungsfindung« als einflussnehmend (selbst-)kritisch zu hinterfragen.

Unabhängig der rechtlichen Bewertung der Einwilligungs- und Geschäftsfähigkeit müssen im Dialog zwischen Betreuer*in und betreuter Person alle Äußerungen als interpretierfähig und als zu interpretieren aufgefasst werden. Dies entspricht dem Recht des*der Betroffenen auf Unterstützung der Rechts- und

Handlungsfähigkeit. Erst im Hinblick auf die Rechtsfolgen gegenüber Dritten im Außenverhältnis werden die Einwilligungsfähigkeit und die Geschäftsfähigkeit von Bedeutung. Bezogen auf das Innenverhältnis heißt das: Im Dialog können isolierende Bedingungen deutlich werden, die nur auf das vorliegende einzelne Rechtsgeschäft zu beziehen sind.

## Fazit: Jede Äußerung zu Rechtsgeschäften ist als interpretationsfähig anzusehen

Auch mit fehlender Einwilligungsfähigkeit oder eingeschränkter Geschäftsfähigkeit, zum Beispiel aufgrund eines Einwilligungsvorbehaltes, hat der betreute oder unterstützte Mensch das subjektive Recht, dass die Betreuungskraft alle Äußerungen zu Rechtsgeschäften als interpretationsfähig ansieht und diese dahingehend prüft, ob sich gemeinsam Schlüsse und Interpretationen zu Wunsch, Wille und Präferenzen bilden lassen. Insofern sind alle Äußerungen als »einwilligungsfähig und geschäftsfähig geäußert« wahrzunehmen. Im Weiteren kann es dann im Außenverhältnis gegenüber Dritten dazu kommen, dass der*die rechtliche Betreuer*in praktische Schritte dahingehend einleitet, dass aufgrund des Wunsches, Willens oder der Präferenz ein rechtswirksames Rechtsgeschäft entsteht. Ebenso ist es möglich, dass die betreuende Person aufgrund der gemeinsamen Interpretation des Wunsches, Willens oder der Präferenz ein schwebend rechtswirksames Rechtsgeschäft nicht rechtswirksam werden lässt. Im juristischen Sinne können hoheitliche Anordnungen, die die Rechts- und Handlungsfähigkeit einschränken, auch als Recht auf Schutz verstanden werden. So kann beispielsweise ein Einwilligungsvorbehalt in der Vermögenssorge einerseits das Recht auf Geschäftsfähigkeit einschränken, andererseits aber auch das Recht auf Schutz vor finanzieller Selbstschädigung darstellen. Jeder Mensch hat unter bestimmten Bedingungen das Recht auf Schutz, sodass etwas rechtswirksam zu tun oder zu entscheiden eingeschränkt sein kann.

Unter Beachtung der theoretischen Definitionen zu den Begriffen von Rechtssubjekt, Rechts- und Handlungsfähigkeit; Wunsch, Wille und Präferenz; Recht im Innen- und Außenverhältnis; Einwilligungs- und Geschäftsfähigkeit entsteht in der Betreuungspraxis ein rechtlich-definitorischer Rahmen, der das praktische Handeln der Betreuungsperson im Konzept der »Unterstützten Entscheidungsfindung« fasst. Gleichzeitig entsteht durch die Beachtung und Reflexion des Wissens sowie der eigenen Handlungspraxis die in Artikel 12 (4) der UN-BRK geforderte strukturelle Sicherung vor missbräuchlicher Einflussnahme in der Unterstützungsleistung hin zur Selbstbestimmung und gleichberechtigten Teilhabe.

### ⟨?⟩ FRAGEN ZUR REFLEXION

Herr O. ist 58 Jahre alt und lebt in einer Wohnform der Eingliederungshilfe. Er hat die Diagnose »Psychische und Verhaltensstörungen durch Alkohol: Abhängigkeitssyndrom« (ICD 10: F 10.2). Er bestreitet seinen Lebensunterhalt von Sozialleistungen nach dem zwölften Sozialgesetzbuch (SGB XVII). Als Bewohner einer Einrichtung erhält er einen Barbetrag, im Jahr 2022 in Höhe von rund 120 Euro. Herr O. ist seit seinem 18. Lebensjahr begeisterter Motorradfahrer und im Besitz eines Motorradführerscheins. Nachdem er inzwischen viele Jahre einen kleineren Roller gefahren hat, möchte er nun seinen Traum verwirklichen und einmal Eigentümer einer eigenen Harley-Davidson sein. Von seiner rechtlichen Betreuerin will er wissen, wie viel Rente er bekommt, wenn er in die Regelaltersrente geht, und ob er sich dann das begehrte Motorrad leisten könne. Dazu hat er sich bereits bei einem Händler informiert und ein Finanzierungsangebot über eine gebrauchte Harley-Davidson eingeholt.

⇒ Überlegen Sie, ob und warum Herr O. trotz bestehender rechtlicher Betreuung für ihn rechtsfähig und Rechtssubjekt ist.

⇒ Was ist der Unterschied zwischen Rechtsfähigkeit und Rechtssubjekt?

⇒ Wie ist es mit seinem Lebenstraum von einer Harley-Davidson: Handelt es sich um einen Wunsch oder einen Willen? Beschreiben Sie die Unterschiede.

⇒ Wenn es ein Wille ist: Was macht theoretisch betrachtet diesen Willen aus? Ist es dann *Wille I* oder *Wille II*? Begründen Sie fachlich Ihre Einschätzung.

⇒ Handelt es sich bei der Bekundung »Eigentümer einer Harley-Davidson sein zu wollen« rechtlich gesehen um einen natürlichen oder freien, rechtserheblichen Willen? Was ist eigentlich genau der Unterschied zwischen beiden?

Nun möchte er im Rahmen der ihm möglichen Finanzierung das Motorrad kaufen. Ist Herr O. trotz der Diagnose »Abhängigkeitssyndrom« geschäftsfähig? Was könnte eine Geschäftsunfähigkeit begründen?

⇒ Wenn er in die Finanzierung »einwilligt«: Benötigt es dazu rechtlich gesehen die Einwilligungsfähigkeit?

⇒ Ist eine Vertragsunterschrift von ihm ein rechtserheblicher Wille? Was könnte dagegensprechen?

⇒ Muss die rechtliche Betreuerin für den Fall, dass sich Herr O. das Motorrad nicht leisten kann, überhaupt noch Äußerungen von ihm diesbezüglich ernst nehmen?

⇒ Könnte eine Betreuungskraft der Wohneinrichtung die eigene Befürchtung, dass Herr O. mit der Diagnose »Abhängigkeitssyndrom« im Straßenverkehr mit einer Harley-Davidson unterwegs ist, fachlich begründet als Ablehnung des Ansinnens von Herrn O. annehmen? Eventuell sogar sagen, er solle doch lieber weiter Roller fahren, damit sei ja im Straßenverkehr auch noch nichts passiert?

⇒ Kreieren Sie in einer Kleingruppe eine Situation, die das oben genannte Beispiel erweitert und in der der *Wille II* vorkommt. Wie könnte eine solche Situation aussehen?

⇒ Wie würden Sie als rechtlich betreuende Person nun eine Begegnung mit Herrn O. gestalten? Welche isolierenden Bedingungen könnte es geben?

⇒ Welche eigenen isolierenden Bedingungen könnten einen Dialog mit Herrn O. hemmen?

### ↗ ↙ ZUSAMMENFASSUNG

In diesem Kapitel werden rechtliche Begriffe im Zusammenhang mit der Unterstützung in Entscheidungsfindungen definiert, differenziert und anhand praktischer Beispiele vorgestellt. Das Konzept der »Unterstützten Entscheidungsfindung« fordert die Differenzierung dieser relevanten Begriffe, da sie einen theoretischen Rahmen der Umsetzungspraxis bilden. Vor dem Hintergrund des begrifflichen Rahmens ist eine Reflexion des Wissens und der Handlungspraxis rechtlicher Betreuer*innen und von Fachkräften der Eingliederungshilfe möglich. Dazu gehören die Begriffe, die in Artikel 12 der UN-BRK benannt werden: Recht, Rechtssubjekt, Rechts- und Handlungsfähigkeit sowie Wille und Präferenz. Ergänzend dazu sind die Begriffe der Einwilligungs- und Geschäftsfähigkeit sowie die Unterscheidung von natürlichem und freiem, rechtserheblichem Willen wesentlich.

Die theoretische Kenntnis der relevanten Begriffe, um eine Definition der vorliegenden Situation vornehmen zu können, sowie die darauf basierende Reflexion der Handlungspraxis zur auch praktischen Gewährleistung der Selbstbestimmung und gleichberechtigten Teilhabe stellen ein wesentliches Element der strukturellen Sicherung vor missbräuchlicher Einflussnahme dar, wie sie Artikel 12 (4) der UN-BRK fordert.

Aus betreuungsrechtlicher Perspektive ist es im Hinblick auf die sogenannte Magna Charta des Betreuungsrechts, den § 1821 BGB-neu, wegweisend, den Begriff »Wunsch« zu beleuchten. Das Verstehen eines Wunsches oder eines Willens ist zudem in der Praxis der Eingliederungshilfe wesentlich, um begleiteten Menschen gleichberechtigte Teilhabe zu ermöglichen: Dies gilt sowohl für die Wunsch- und Willensäußerung selbst als auch für die Umsetzung von Wünschen und Willen.

# Zum Abschluss und Ausblick: »Redet mit mir!«

*»Es ist eigentlich ganz einfach: Redet mit mir!«*

*Peter Winterstein (ehemaliger Vorsitzender des BGT e. V.)*

»›Da müssen wir erst mal Ihren Betreuer fragen!‹ ist eine Antwort, die Menschen mit einer Behinderung, die eventuell in einer besonderen Wohnform leben und eine rechtliche Betreuung haben, oft von Fachkräften gehört haben dürften.« Mit diesen Worten beginnt die Einleitung des vorliegenden Buches. Grund dafür ist die Beobachtung, dass damit – durch Fachkräfte veranlasst – die eigenständige Entscheidung(-smöglichkeit) eingeschränkt oder vollständig genommen wird. Ganz so, als müsse zu jeder Entscheidungsfrage und getroffenen Entscheidung immer die rechtliche Betreuungsperson in einem Gespräch hinzugezogen werden. Ganz so, als dürfe ein Mensch mit einer Beeinträchtigung nichts selbst entscheiden. Selbstredend ist das nicht immer »erst mal« erforderlich. Demgegenüber gibt es selbstverständlich Praxissituationen, in denen ein Gespräch mit der rechtlichen Betreuungsperson zu Entscheidungsfragen oder bereits getroffenen Entscheidungen gewünscht, sinnvoll und angemessen ist.

*Hört mir zu – redet mit mir!* ist der Name eines Projekts des Betreuungsgerichtstages (BGT e.V.). Mit diesem Projekt sollen Menschen, die eine rechtliche Betreuung haben, dahingehend unterstützt werden, dass ihre Anliegen im gesellschaftlichen und politischen Raum stärker wahrgenommen werden. Dieselbe Aufforderung gilt für konkrete Praxissituationen und ist an die rechtlichen Betreuer*innen, aber auch an die Fachkräfte der Eingliederungshilfe gerichtet: »Redet mit mir, wenn es um meine Belange, meine Anliegen, meine Wünsche, meine Entscheidungsfragen und Entscheidungen geht!« Dabei stellt sich die Frage, was es bei den Gesprächen neben der Thematisierung der konkreten sachlichen, inhaltlichen Anliegen zu beachten gilt? Dies deshalb, damit Wünsche, Wille und Präferenzen der betreuten Menschen bei Entscheidungen und Entscheidungsfindungsprozessen Berücksichtigung finden genauso wie ihre Rechte.

Das Konzept »Unterstützte Entscheidungsfindung« bietet wissenschaftlich und theoretisch basiert einen Rahmen, der auf diese Frage eingeht und damit für die Praktiker*innen den theoretischen Hintergrund für die Reflexion des eigenen Handelns und die Selbstreflexion der eigenen Haltung bietet. Eine (Selbst-)Reflexion wird erst wirkungsvoll, wenn die Praxis vor dem Hintergrund eines theoretischen Rahmens betrachtet wird. Die Kernfragen sind: Was ist der substanzielle Inhalt dieses Rahmens? Und daraus folgend: Was ist der substanzielle Inhalt von Unterstützter Entscheidungsfindung? Ziel ist, über die Ermöglichung einer wirkungsvollen (Selbst-)Reflexion eine qualitativ hochwertige praktische Arbeit zu fördern.

»Redet mit mir, und zwar so, dass ich mich ernst genommen fühle!« ist nicht nur eine Aufforderung, dass die sachlichen Anliegen in einem Gespräch thematisiert und ernst genommen werden. Es ist darüber hinaus der Anspruch, sich selbst in und nach dem Gespräch ernst genommen zu *fühlen*. Es ist, bezogen auf die Inhalte des Konzepts »Unterstützte Entscheidungsfindung«, die unausgesprochene Aufforderung, dass ein Gespräch strukturell organisiert sein soll und vor dem Hintergrund der Erweiterung des Möglichkeitsraums und des Abbaus isolierender Bedingungen zu einem Dialog wird. Entscheidend ist dabei, dass die Zielmotive differenziert betrachtet werden. Dialoge, die vor dem Hintergrund dieser Begriffe organisiert sind, führen dazu, dass das Ergebnis nicht nur eine sachliche Entscheidung bzw. eine sachliche Unterstützung in einem Prozess der Entscheidungsfindung darstellt und sich ein Mensch in »der Sache« ernst genommen fühlt. Dialoge führen auch dazu, sich als »meinesgleichen« fühlen zu können, sich ernst genommen fühlen zu können als gleichberechtigter Mensch mit Gefühlen, Emotionen und Affekten, auch wenn diese widersprüchlich sind. Die dialogische Begegnung, getragen von gegenseitiger »Bejahung«, kann so zu einem Gefühl der Befriedigung führen.

Institutionen, in denen konzeptionell »Unterstützte Entscheidungsfindung« Beachtung findet, können zum einen Betreuungsvereine und -behörden sowie Betreuungsbüros, in denen rechtliche Betreuungen nach § 1814 BGB geführt werden, sein. Zum anderen können es Institutionen der Eingliederungs- und Behindertenhilfe, Wohnheime, Werkstätten, Tagesstätten oder ähnliche, aber auch Institutionen der Altenhilfe und Pflege sein. Solche Institutionen können mit Verweis auf eine theoretisch konzeptionelle Ausrichtung ihrer praktischen Aufgabenerfüllung ihre Qualität darstellen. Sie können zu allgemeinen Unterstützungspraktiken in Entscheidungsfindungsprozessen zeigen, welche konzeptionellen Inhalte wie umgesetzt werden. In der Kooperation zwischen beruflich tätigen rechtlichen Betreuer*innen und Institutionen ist ein gemeinsames Ziel zu verfolgen: Die Wünsche, die Rechte, der Wille und die Präferenzen der zu betreuenden Personen sind mit dem Ziel der Förderung ihrer Selbstbestimmung und Autonomie sowie ihrer Partizipation zu verfolgen. Die Inhalte des Konzepts »Unterstützte Entscheidungsfindung« können als gemeinsame fachliche Basis angesehen werden, um zu reflektieren, ob das gemeinsame Ziel auch verfolgt wird.

Dies gilt auch für die Kooperation mit nicht beruflich Tätigen. Mit ehrenamtlichen Familienbetreuer*innen oder auch privat involvierten Angehörigen, zum Beispiel von Bewohner*innen einer Wohngruppe oder einer Einrichtung für Senior*innen, kann überprüft werden, ob eine fachliche inhaltliche Basis mit den privaten Ansprüchen vereinbar ist. So kann die Sorge um eine*n betreute*n Angehörige*n zwar einerseits zu fürsorglichen Handlungen führen, entspricht jedoch andererseits nicht dem Ziel der Förderung von Selbstbestimmung und Autonomie.

Der Ausblick zum Thema »Unterstützte Entscheidungsfindung« ist geprägt von »still work in progress«! Das vorliegende Konzept lädt dazu ein, die vorgestellten substanziellen Inhalte zu erweitern, daran weiterzuarbeiten und Veränderungen der Lebenswelt konzeptionell zu verankern. Hinsichtlich der methodischen Umsetzung steht nach wie vor die Frage, wie es zu machen ist, im Zentrum des Interesses. Gleichzeitig wird wissenschaftlich aber auch der Frage, wie es gemacht wird, nachgegangen und damit versucht, Erkenntnisse über methodische Grenzen und methodisch Nützliches zu gewinnen. Beides, die substanziellen Inhalte und die methodischen Umsetzungsfragen, sind sowohl in der Ausbildung als auch im Studium zukünftiger Fachkräfte stärker zu implementieren. Dies gilt auch für Studiengänge, die nicht originär zur Fachkraft in der Eingliederungshilfe führen, beispielsweise die Rechtswissenschaften in Bezug zur rechtlichen Betreuung nach § 1814 BGB. Die substanziellen Inhalte und methodischen Ausrichtungen werden die Sachkundeprüfungen und die persönlichen Eignungsgespräche in der Registrierung von Berufsbetreuer*innen nach dem Betreuungsorganisationsgesetz (BtOG) durch die Betreuungsbehörden prägen und somit die Fachlichkeit betreffen.

Das Projekt *Hört mir zu – redet mit mir!* des Betreuungsgerichtstages (BGT e.V.) steht exemplarisch für die gemeinsame, inklusive Bemühung, die Selbstbestimmung, Autonomie und Partizipation zu fördern. Der Grundstein dafür wurde bereits im interdisziplinären Diskussionsprozess des Bundesministeriums der Justiz und für Verbraucherschutz (BMJV) mit dem Selbstvertreterworkshop gelegt. Gemeinsame, inklusive Bemühungen fördern zukünftig differenziertere Unterstützungsleistungen zur Unterstützten Entscheidungsfindung.

Im Rahmen der Staatenprüfungen zur UN-BRK kann die Bundesrepublik Deutschland zukünftig mit Fragen zur staatlichen Verantwortung im Rahmen des strukturellen Schutzes vor missbräuchlicher Einflussnahme bezogen auf die Selbstbestimmung konfrontiert sein. Konzeptionelle Verankerungen, was warum in der Unterstützten Entscheidungsfindung zu beachten ist, liefern diesbezüglich mögliche Aspekte und Antworten. Bezüglich der Strukturen im Betreuungsrecht und in der Eingliederungshilfe ebenso wie im pflegerischen Bereich ist zu beobachten, dass Praktiker*innen Grund zur Beschwerde haben und verbesserte Strukturen fordern. Gegenüber politischen Vertreter*innen ist zur Begründung, wofür konkret andere Strukturen benötigt werden, präzise darzulegen, was warum und wie aufgrund des Rechtsanspruchs von betreuten Menschen nach der UN-BRK umzusetzen ist. Dafür ist es erforderlich, die substanziellen Inhalte der Unterstützten Entscheidungsfindung auszuarbeiten und zu formulieren.

Gemeinsames Ziel ist bei allen zukünftigen Bemühungen immer: die Förderung der Selbstbestimmung, der Autonomie und der Partizipation der Menschen, die Betreuung in Anspruch nehmen!

# Literatur

Aguiló Bonet, A. J. (2013): Die Würde des Mülls. Globalisierung und Emanzipation in der Sozial- und politischen Theorie von Boaventura de Sousa Santos. Berlin: Lehmanns Media.

Aichele, V. (2013): Einleitung. In: Aichele, V. (Hg.): Das Menschenrecht auf gleiche Anerkennung vor dem Recht. Art. 12 UN-Behindertenrechtskonvention. Baden-Baden: Nomos, S. 13–33.

Anochin, P. K. (1967): Das funktionelle System als Grundlage der physiologischen Architektur des Verhaltensaktes. Jena: Fischer.

Arora, S. (2010): Pablo Pineda: »Ich bin nicht krank.« In: https://www.diepresse.com/581930/pablo-pineda-ich-bin-nicht-krank (28.11.2022).

Arstein-Kerslake, A.; Watson, J.; Browning, M. u. a. (2016): Future Directions in Supported Decision-Making. In: Disability Studies Quartely, 36, 4, S. 1–19.

Basaglia, F. (1981): Was ist Psychiatrie. Frankfurt a. M.: Suhrkamp.

Basaglia, F.; Basaglia-Ongaro, F. (1980): Befriedungsverbrechen. In: Basaglia, F. u. a.: Befriedungsverbrechen. Über die Dienstbarkeit der Intellektuellen. Frankfurt a. M.: Europäische Verlagsanstalt, S. 11–61.

Bateson, G.; Jackson, D. D.; Haley, J.; Weakland, J. (1956): Toward a theory of schizophrenia. In: Behavioral Science, 1, 4, S. 251–254.

Bauer, H. G.; Munz, C. (2004): Erfahrungsgeleitetes Handeln lernen – Prinzipien erfahrungsgeleiteten Lernens. In: Böhle, F.; Pfeiffer, S.; Sevsay-Tetegethoff, N. (Hg.): Die Bewältigung des Unplanbaren. Wiesbaden: Verlag für Sozialwissenschaften, S. 55–73.

Berger, P. L.; Luckmann, T. (2013): Die gesellschaftliche Konstruktion der Wirklichkeit. Eine Theorie der Wissenssoziologie. Frankfurt a. M.: Fischer.

Bernot, S. (2018): Praxis: Menschenrechte in der sozialgerichtlichen Praxis. Die UN-Behindertenrechtskonvention. In: Deutsches Institut für Menschenrechte (Hg.): https://www.ssoar.info/ssoar/bitstream/handle/document/61185/ssoar-2018-Menschenrechte_in_der_sozialgerichtlichen_Praxis.pdf?sequence=1&isAllowed=y&lnkname=ssoar-2018-Menschenrechte_in_der_sozialgerichtlichen_Praxis.pdf (28.11.2022).

Beushausen, J.; Schäfer, A. (2021): Traumaberatung in psychosozialen Arbeitsfeldern. Eine Einführung für Studium und Praxis. Opladen, Toronto: Budrich.

Bigby, C.; Whiteside, M.; Douglas, J. (2019): Providing support for decision making to adults with intellectual disability: Perspectives of family members and workers in disability support services. In: Journal of Intellectual & Developmental Disability, 44, 4, S. 396–409 (https://doi.org/10.3109/13668250.2017.1378873).

Böhnisch, L. (2012): Lebensbewältigung. Ein sozialpolitisch inspiriertes Paradigma für die Soziale Arbeit. In: Thole, W. (Hg.): Grundriss Soziale Arbeit. Wiesbaden: Verlag für Sozialwissenschaften, S. 219–233.

Bovensiepen, G. (2008): Mentalisierung und Containment. Kritische Anmerkungen zur Rezeption der Entwicklungs- und Bindungsforschung in der klinischen Praxis. In: Analytische Kinder- und Jugendlichen-Psychotherapie, 137, 1, S. 7–28.

Brakenhoff, D.; Lütgens, K. (2022): Grenzen und Unzumutbarkeit in der Wunschbefolgung. In: bdb aspekte, 134, S. 16–19.

Brosey, D. (2014): Der General Comment No. 1 zu Art. 12 der UN-BRK und die Umsetzung im deutschen Recht. In: Betreuungsrechtliche Praxis, 5, S. 211–215.

Bryden, C. (2017): Nichts über uns, ohne uns! 20 Jahre als Aktivistin und Fürsprecherin für Menschen mit Demenz. Bern: Hogrefe.

Buber, M. (2002): Das dialogische Prinzip. Gütersloh: Gütersloher Verlagshaus.

Buber, M. (2005): Reden über Erziehung. Rede über das Erzieherische – Bildung und Weltanschauung – Über Charaktererziehung. Gütersloh: Gütersloher Verlagshaus.

Bundesgerichtshof (1958): BGH-Urteil v. 05.12.1958, Az. VI ZR 266/57. In: Entscheidungen des BGHZ 1958, Band 29, S. 34–38.

Bundesgesetzblatt (2008): Gesetz zu dem Übereinkommen der Vereinten Nationen vom 13. Dezember 2006 über die Rechte von Menschen mit Behinderungen sowie zu dem Fakultativprotokoll vom 13. Dezember 2006 zum Übereinkommen der Vereinten Nationen über die Rechte von Menschen mit Behinderungen, Teil II, Nr. 35, S. 1419 f.

Bundesministerium der Justiz (2021): Gesetz zur Reform des Vormundschafts- und Betreuungsrechts. https://www.bmj.de/SharedDocs/Gesetzgebungsverfahren/DE/Reform_Betreuungsrecht_Vormundschaft.html (29.08.2022).

Bundesministerium der Justiz (2022): Forschungsvorhaben »Qualität in der rechtlichen Betreuung«. https://www.bmj.de/DE/Service/Fachpublikationen/Bericht_Qualitaet_rechtliche_Betreuung.html (29.08.2022).

Bundesministerium der Justiz und für Verbraucherschutz (BMJV) (Hg.) (2018): Qualität in der rechtlichen Betreuung. Abschlussbericht. Köln: Bundesanzeiger Verlag. https://www.bmjv.de/SharedDocs/Downloads/ DE/Service/Fachpublikationen/Forschungsbericht_Qualitaet_rechtliche_ Betreuung.pdf?__blob=publicationFile&v=2 (08.09.2021).

Bundesministerium für Arbeit und Soziales (2020): Bundesteilhabegesetz. https://www.bmas.de/DE/Soziales/Teilhabe-und-Inklusion/ Rehabilitation-und-Teilhabe/bundesteilhabegesetz.html (31.08.2022).

Bundesministerium für Familie, Senioren, Frauen und Jugend (BMFSFJ) (Hg.) (2019): Länger zuhause leben. Ein Wegweiser für das Wohnen im Alter. https://www.bmfsfj.de/ resource/blob/94192/75567c550f5b3674e9fc1e9444714bf6/laenger-zuhause- leben-deutsch-data.pdf (16.04.2022).

Butler, J. (2010): Raster des Krieges. Warum wir nicht jedes Leid beklagen. Frankfurt a. M.: Campus Verlag.

CDU, CSU und SPD (2018): Ein neuer Aufbruch für Europa. Eine neue Dynamik für Deutschland. Ein neuer Zusammenhalt für unser Land. Koalitionsvertrag der 19. Legislaturperiode. Berlin.

CRPD (2018): Allgemeine Bemerkung Nr. 7 / General comment No. 7. https://www.institut-fuer-menschenrechte.de/menschenrechtsschutz/ datenbanken/datenbank-fuer-menschenrechte-und-behinderung/detail/ crpd-2018-allgemeine-bemerkung-nr-7-zu-artikel-4-und-33-partizipation- von-menschen-mit-behinderungen-einschliesslich-kindern-mit- behinderungen-ueber-die-sie-repraesentierenden-organisationen-bei-der- umsetzung-und-ueberwachung-des-uebereinkommens (23.04.2022).

Daßler, H. (Hg.) (2023): Wohnungslos und psychisch erkrankt. Köln: Psychiatrie Verlag.

Degener, T. (2009): Die UN-Behindertenrechtskonvention als Inklusions- motor. In: Recht der Jugend und des Bildungswesens, 2, S. 200–219.

DeLoach C. P.; Wilins, R. D.; Walker, G. W. (1983): Independent Living – Philosophy, Process and Services. Baltimore. Übersetzung: Interessenver- tretung Selbstbestimmt Leben in Deutschland e. V. – ISL: Online-Hand- buch Empowerment. In: http://www.handbuch-empowerment.de/index. php/zum-nachschlagen/glossar/86-selbstbestimmung (15.04.2022).

Deutsches Institut für Menschenrechte (2022): Recht auf Wohnen. https://www.institut-fuer-menschenrechte.de/themen/wirtschaftliche- soziale-und-kulturelle-rechte/recht-auf-wohnen (22.09.2022).

Dieckmann, F.; Rodekohr, B.; Mätze, C. (2019): Umzugsentscheidungen in Pflegeeinrichtungen bei älteren Menschen mit geistiger Behinderung. In: Zeitschrift für Gerontologie und Geriatrie, 52, 3, S. 241–248.

Dörner, K. (2012): Helfensbedürftig. Heimfrei ins Dienstleistungsjahrhundert. Neumünster: Paranus Verlag.

Dussel, E. (2013): 20 Thesen zu Politik. Berlin: Lit Verlag.

Feger, H. (1978/2022). Konflikterleben und Konfliktverhalten. Bern: Huber, zit. nach Feger, H. (2000). Lexikon der Psychologie: Entscheidung. In: http://www.spektrum.de/lexikon/psychologie/entscheidung/4143 (12.11.2022)

Feuser, G. (1995): Behinderte Kinder und Jugendliche zwischen Integration und Aussonderung. Darmstadt: Wissenschaftliche Buchgesellschaft.

Feuser, G. (2010): Integration und Inklusion als Möglichkeitsräume. In: Stein, A.-D. u. a. (Hg.): Integration und Inklusion auf dem Weg ins Gemeinwesen. Möglichkeitsräume und Perspektiven. Bad Heilbrunn: Julius Klinkhardt, S. 17–31.

Feuser, G. (2011a): Advokatorische Assistenz. In: Erzmann, T.; Feuser, G. (Hg.): »Ich fühle mich wie ein Vogel, der aus dem Nest fliegt.« Menschen mit Behinderungen in der Erwachsenenbildung. Frankfurt a. M.: Peter Lang, S. 203–218.

Feuser, G. (2011b): Inklusion als Anspruch und Auftrag der Heilpädagogik. Vortrag im Rahmen der 45. Bundesfachtagung des Berufs- und Fachverbandes Heilpädagogik e. V. vom 25. Bis 27. November 2011 in Berlin unter dem Tagungsthema »Gemeinsame Wege – Inklusion als Anspruch und Auftrag der Heilpädagogik« (gehalten am 25.11.2011). https://www.georg-feuser.com/inklusion-als-anspruch-und-auftrag-der-heilpaedagogik/ (29.09.2022).

Feuser, G. (2012): Reflexionen zu Grundfragen der Pädagogik: Was braucht der Mensch? Vortrag im Rahmen der Erstsemester-Einführungswoche im Wintersemester 2012/13 an der Humboldt-Universität Berlin, Institut für Rehabilitationspädagogik am 10. Oktober 2012. https://www.georg-feuser.com/reflexionen-zu-grundfragen-der-paedagogik-was-braucht-der-mensch/ (29.09.2022).

Fiedler, C. (2021): Dürfen Betreuer über eine Corona-Impfung entscheiden? https://www.mdr.de/ratgeber/gesundheit/corona-impfung-betreuer-pflegeheim-100.html (29.09.2022).

Foerster, H. von (1985): Über das Konstruieren von Wirklichkeiten. In: Sicht und Einsicht. Wissenschaftstheorie, Wissenschaft und Philosophie, 21 (https://doi.org/10.1007/978-3-663-13942-3_3).

Fonagy, P. (2009): Bindungstheorie und Psychoanalyse. Stuttgart: Klett-Cotta.

Freire, P. (1993): Pädagogik der Unterdrückten. Bildung als Praxis der Freiheit. Reinbek: Rowohlt.

Fritz, H. (2009): Vorwort. In: Malyssek, J.; Störch, K. (Hg.): Wohnungslose Menschen. Ausgrenzung und Stigmatisierung. Freiburg i. B.: Lambertus, S. 13–15.

Galperin, P. (1980): Zu Grundfragen der Psychologie. Berlin: Volk und Wissen.

Goffman, E. (1973): Asyle. Über die Situation psychiatrischer Patienten und anderer Insassen. Frankfurt a. M.: Suhrkamp.

Grisso, T.; Appelbaum, P. S. (1998): Assessing comptence to consent to treatment. A guide for physicians and other health professionals: New York: Oxford University Press.

Hinte, W. (2019): Sozialraumorientierung – Grundlage und Herausforderung für professionelles Handeln. In: Fürst, R.; Hinte, W. (Hg.): Sozialraumorientierung. Ein Studienbuch zu fachlichen, institutionellen und finanziellen Aspekten. Wien: Facultas, S. 9–28.

Hirschberg, S. (2010): Partizipation – ein Querschnittsanliegen der UN-Behindertenrechtskonvention. In: Positionen – Monitoring-Stelle zur UN-Behindertenrechtskonvention, 3, S. 1–4.

Holzkamp, K. (1993): Was heißt »Psychologie vom Subjektstandpunkt«? Überlegungen zu subjektwissenschaftlicher Theorienbildung. In: Journal für Psychologie, 1, 2, S. 66–75 (https://nbn-resolving.org/urn:nbn:de:0168-ssoar-22304, 31.08.2021).

Iyengar, S. S.; Lepper, M. (2001): When choice is demotivating: Can one desire too much of a good thing? In: Journal of Personality and Social Psychology, 79, 6, S. 995–1006.

Jank, W.; Meyer, H. (1994): Didaktische Modelle. Frankfurt a. M.: Cornelsen Scriptor.

Jantzen, W. (1976): Materialistische Erkenntnistheorie, Behindertenpädagogik und Didaktik. Sonderheft »Demokratische Erziehung«, 1, S. 15–29 (http://www.basaglia.de/Artikel/Erkenntnistheorie%201976.pdf, 04.05.2022).

Jantzen, W. (1987): Allgemeine Behindertenpädagogik. Band 1. Weinheim u. a.: Beltz.

Jantzen, W. (1990): Allgemeine Behindertenpädagogik. Band 2. Weinheim u. a.: Beltz.

Jantzen, W. (1991): Psychologischer Materialismus, Tätigkeitstheorie, marxistische Anthropologie. Hamburg: Argument-Verlag (https://nbn-resolving.org/urn:nbn:de:0168-ssoar-30910, 26.09.2022).

Jantzen, W. (1996): Enthospitalisierung und institutioneller Kontext: Einrichtungen für Behinderte in der modernen Gesellschaft? In: Behindertenpädagogik, 35, 3, S. 258–275.

Jantzen, W. (1999): Rehistorisierung – Zu Theorie und Praxis verstehender Diagnostik bei geistig behinderten Menschen. In: Behinderte in Familie, Schule und Gesellschaft, 6 (http://bidok.uibk.ac.at/library/beh6-99-rehistorisierung.html, 04.06.2022).

Jantzen, W. (2001): Unterdrückung mit Samthandschuhen – über paternalistische Gewaltausübung (in) der Behindertenpädagogik. https://userpages.uni-koblenz.de/~proedler/res/landau.pdf (31.07.2021).

Jantzen, W. (2002): Materialistische Behindertenpädagogik als basale und allgemeine Pädagogik. In: Bernard, A.; Krämer, A.; Riess, F. (Hg.): Kritische Erziehungswissenschaft und Bildungsreform. Programmatik – Brüche – Neuansätze. Hoheneggelsen: Schneider, S. 104–125.

Jantzen, W. (2003a): Deinstitutionalisierung. In: Jantzen, W.: »... die da dürstet nach der Gerechtigkeit« – Deinstitutionalisierung in einer Großeinrichtung der Behindertenhilfe. Berlin: Volker Spiess, S. 55–75.

Jantzen, W. (2003b): A. N. Leont'ev und das Problem der Raumzeit in psychischen Prozessen. Eine methodologische Rekonstruktion. Ein Diamant schleift den anderen: Ėvald Vasilevič Ilenkov und die Tätigkeitstheorie. Berlin: Lehmanns Media, S. 400–462.

Jantzen, W. (2005): »Es kommt darauf an, sich zu verändern ...«. Zur Methodologie und Praxis rehistorisierender Diagnostik und Intervention. Gießen: Psychosozial-Verlag.

Jantzen, W. (2008): Kulturhistorische Psychologie heute. Methodologische Erkundungen zu L. S. Vygotskij. Berlin: Lehmanns Media.

Jantzen, W. (2010): Schwerste Behinderung als sinnvolles und systemhaftes Verhalten unter isolierenden Bedingungen anhand der Beispiele Anencephalie, Epilepsie und Autismus. In: Teilhabe, 3, S. 102–109.

Jantzen, W. (2011): Paternalismus. In: Beck, I.; Greving, H. (Hg.): Dienstleistungssysteme. Stuttgart: Kohlhammer, S. 210–215.

Jantzen, W. (2012): Rehistorisierung unverstandener Verhaltensweisen und Verhaltensänderungen im Feld. In: Lanwer, W.; Jantzen, W. (Hg.): Jahrbuch der Luria-Gesellschaft 2011. Berlin: Lehmanns Media, S. 10–24.

Jantzen, W. (2013): Das behinderte Ding wird Mensch – Inklusion verträgt keine Ausgrenzung. Vortrag bei der Fachtagung »Behindertenhilfe und Sozialraum – Praktische Wege in das Gemeinwesen« der LWV. Eingliederungshilfe GmbH Tübingen am 5. Dezember 2013 in Reutlingen. http://www.basaglia.de/Artikel/behindertes%20Ding%202013.pdf (16.04.2022).

Jantzen, W. (2014): Das behinderte Ding wird Mensch. Inklusion verträgt keine Ausgrenzung. In: Behinderte Menschen, 37, 1, S. 17–29

Jantzen, W. (2015a): Inklusion und Kolonialität – Gegenrede zu einer unpolitischen Inklusionsdebatte. In: Jahrbuch für Pädagogik 2015: Inklusion als Ideologie. Frankfurt a. M.: Peter Lang Verlag, S. 241–253.

Jantzen, W. (2015b): Autonomie und Selbstbestimmung. In: Behinderte Menschen, 2, 38, S. 49–59.

Jantzen, W. (2015c): Was sind Emotionen und was ist emotionale Entwicklung? In: Lanwer, W.; Jantzen, W. (Hg.): Jahrbuch der Luria-Gesellschaft 2014. Berlin: Lehmanns Media, S. 14–52.

Jantzen, W. (2016): Franco Basaglia und die Freiheit eines jeden. Oder: »Die Suche nach der verlorenen Psychiatrie«. In: Jantzen, W.; Lanwer, W. (Hg.): Jahrbuch der Luria-Gesellschaft 2015. Berlin: Lehmanns Media, S. 66–75.

Jantzen, W. (2019): Behindertenpädagogik als synthetische Humanwissenschaft. Sozialwissenschaftliche und methodologische Erkundungen. Gießen: Psychosozial-Verlag.

Jantzen, W. (2020): Geschichte, Pädagogik und Psychologie der geistigen Behinderung. Berlin: Lehmanns Media.

Jantzen, W. (2022): Isolation. In: Lanwer, W. (Hg.): Jahrbuch der Luria-Gesellschaft 2021. Berlin: Lehmanns Media, S. 9–12.

Jantzen, W.; Salzen, W. von (1990): Autoaggressivität und selbstverletzendes Verhalten. Pathogenese, Neuropsychologie und Psychotherapie. Berlin: Volker Spiess.

Jantzen, W.; Lanwer-Koppelin, W. (Hg.) (1996): Diagnostik als Rehistorisierung. Methodologie und Praxis einer verstehenden Diagnostik am Beispiel schwer behinderter Menschen. Berlin: Volker Spiess.

Jantzen, W.; Steffens, J. (2014): Inklusion und das Problem der Grenze. In: Behinderte Menschen, 37, 4/5, S. 49–53.

Joecker, T. (2019): Selbstbestimmung und Qualität im Betreuungsrecht. Zum laufenden Diskussionsprozess des BMJV, Bundesministerium der Justiz und für Verbraucherschutz, Präsentation zum 1. Betreuungsgerichtstag Baden-Württemberg – 28./29. März 2019, ohne Foliennummer.

Jonasson, J. (2017): Der Hundertjährige, der aus dem Fenster stieg und verschwand. München: Penguin.

Kant, I. (1781): Kritik der reinen Vernunft. Zitiert nach: https://de.wikipedia.org/wiki/Portal:Philosophie/Zitate (12.11.2022).

Kirsch, P.; Steinert, T. (2006): Natürlicher Wille, Einwilligungsfähigkeit und Geschäftsfähigkeit. Begriffliche Definitionen, Abgrenzungen und relevante Anwendungsbereiche. In: Krankenhauspsychiatrie, 17, S. 96–102.

Kishi, G.; Teelucksingh, B.; Zollers, N.; Park-Lee, S.; Meyer, L. (1988): Daily decision-making in community residences: A social comparison of adults with and without mental retardation. In: American Journal on Mental Retardation, 92, 5, S. 430–435.

Köbler, G. (2001): Kommentierung zum Begriff des »Willens«. In: Tilch, H.; Arloth, F. (Hg.): Deutsches Rechtslexikon, 3. Aufl. München: C. H. Beck, S. 1924, 4874.

Koch-Straube, U. (2003): Fremde Welt Pflegeheim. Eine ethnologische Studie. Bern u. a.: Huber Verlag.

Krauthausen, R. (2016): Das Heimexperiment-Tagebuch: Fünf Tage lebenslänglich. https://heimexperiment.de/2016/10/31/das-heimexperiment-fuenf-tage-lebenslaenglich/ (01.06.2022).

Krauthausen, R. (2018): Behinderteneinrichtungen und Inklusion – ein unvereinbarer Gegensatz? https://raul.de/unfassbares/behinderteneinrichtungen-und-inklusion-ein-unvereinbarer-gegensatz/ (01.06.2022).

Kremer-Preiß, U. (2021): Wohnen 6.0 – mehr Demokratie in der (institutionellen) Langzeitpflege. KDA-Schriftenreihe »Pflegepolitik gesellschaftspolitisch radikal neu denken«, Kuratorium Deutsche Altershilfe e. V. https://kda.de/wp-content/uploads/2021/11/KDA_Wohnen_6.0.pdf (17.04.2022).

Kruse, K.; Tenbergen, S. (2019): BTHG: Was ändert sich für erwachsene Bewohner stationärer Einrichtungen ab 2020? Merkblatt des Bundesverbandes für körper- und mehrfachbehinderte Menschen e. V., S. 1–4. https://bvkm.de/wp-content/uploads/2019/08/merkblatt_bthg.pdf (22.04.2022).

Lanwer, W. (2002): Selbstverletzungen bei Menschen mit einer sogenannten geistigen Behinderung. Butzbach-Griedel: Afra-Verlag.

Lanwer, W. (2006): Methoden in Heilpädagogik und Heilerziehungspflege. Diagnostik. Troisdorf: Bildungsverlag EINS.

Lanwer, W. (2011): Editorial. In: Behindertenpädagogik, 50, 1, S. 3–4.

Lanwer, W. (2015): Exklusion und Inklusion. Anmerkungen zu einer gegensätzlichen Einheit. In: Dust, M.; Kluge, S.; Liesner, A. u. a. (Hg.): Jahrbuch für Pädagogik 2015. Frankfurt a. M.: Peter Lang, S. 159–173.

Lebenshilfe e. V.; Schmuhl, H.-W.; Winkler, U. (Hg.) (2018): Wege aus dem Abseits. Der Wandel der Wohnformen für Menschen mit geistiger Behinderung in den letzten sechzig Jahren (1958–2018). Marburg: Lebenshilfe-Verlag. https://www.lebenshilfe.de/fileadmin/Redaktion/PDF/Shop/Buecher/Langfassung_Wege_aus_dem_Abseits_A4-komplett.pdf (27.12.2021).

Leont'ev, A. N. (2012): Tätigkeit – Bewusstsein – Persönlichkeit. Berlin: Lehmanns Media.

Lewin, K. (1951): Problems of research in social psychology. In: Cartwright, D. (Hg.): Field theory in social science. Selected theoretical papers. New York. Zitiert nach: Wikiquote (https://de.wikiquote.org/wiki/Kurt_Lewin, 12.11.2022).

Lipp, V. (2008): Rechtliche Betreuung und das Recht auf Freiheit. In: Betreuungsrechtliche Praxis, 2, S. 51–56.

Lipp, V. (2021): Die Grundideen der Reform. Präsentation zur Tagung: Die große Reform – Betreuung im 21. Jahrhundert. Die BGTalk-Reihe zur Reform. https://www.bgt-ev.de/fileadmin/Mediendatenbank/Tagungen/BGT-Talk/210928_Lipp_Grundideen.pdf (31.08.2022).

Luria, A. R. (1992): Das Gehirn in Aktion. Einführung in die Neuropsychologie. Reinbek: Rowohlt.

Malyssek, J.; Störch, K. (2009): Wohnungslose Menschen. Ausgrenzung und Stigmatisierung. Freiburg i. B.: Lambertus.

Mann, I. (1990): Lernen können ja alle Leute. Lesen-, Rechnen-, Schreiben-lernen mit der Tätigkeitstheorie. Weinheim u. a.: Beltz Verlag.

Matta, V.; Engels, D.; Brosey, D.; Köller, R. u. a. (2018): Qualität in der rechtlichen Betreuung – Abschlussbericht. Köln: Bundesanzeiger Verlag.

Mayrhofer, H. (2013): Modelle unterstützter Entscheidungsfindung. Beispiele guter Praxis aus Kanada und Schweden. In: IRKS Working Paper, 16, S. 1–26. https://bidok.uibk.ac.at/library/mayrhofer-entscheidung.html (23.09.2019).

Meyer, D. (2007): Dissoziation und Geistige Behinderung. Über schützende und kreative Dissoziation. Bremen: Meyer Verlag.

Monitoring-Stelle zur UN-Behindertenrechtskonvention (2015a): Allgemeinen Bemerkung Nr. 1 des UN-Fachausschusses für die Rechte von Menschen mit Behinderungen.

Monitoring-Stelle zur UN-Behindertenrechtskonvention (2015b): Information zur Allgemeinen Bemerkung Nr. 1 des UN-Fachausschusses für die Rechte von Menschen mit Behinderungen - Artikel 12: Gleiche Anerkennung vor dem Recht. In: Deutsches Institut für Menschenrechte (Hg.): https://www.institut-fuer-menschenrechte.de/publikationen/detail/information-zur-allgemeinen-bemerkung-nr-1-des-un-fachausschusses-fuer-die-rechte-von-menschen-mit-behinderungen (01.09.2022).

Nadig, M. (1992): Der ethnologische Weg zur Erkenntnis. Das weibliche Subjekt in der feministischen Wissenschaft. In: Knapp, G.-A.; Wetterer, A. (Hg.): TraditionenBrüche. Forum Frauenforschung. Freiburg i. B.: Kore Verlag, S. 151–200.

Netzwerkstelle Lokale Allianzen für Menschen mit Demenz (o. J.): Demenz-freundliches Haaren. Ein Stadtteil nimmt seine Nachbarinnen und Nachbarn wahr. https://www.netzwerkstelle-demenz.de/praxisbeispiele-materialien/projekte-aus-der-praxis/projekt/demenzfreundliches-haaren (29.09.2022).

Nolting, H.-D.; Zich, K.; Tisch, T.; Braeseke, G. (2017): Umsetzung des Erfor-derlichkeitsgrundsatzes in der betreuungsrechtlichen Praxis im Hinblick auf vorgelagerte »andere Hilfen«. Abschlussbericht Band 1 und 2. Köln: Bundesanzeiger Verlag.

Odell, J. (2021): Nichts tun. Die Kunst, sich der Aufmerksamkeitsökonomie zu entziehen. München: C. H. Beck.

Offergeld, J. (2021): Unterstützung der Selbstbestimmung oder fremd-bestimmende Stellvertretung? Rechtliche Betreuung aus der Perspektive von Menschen mit Lernschwierigkeiten. Weinheim u. a.: Beltz Juventa.

Osterkamp, U. (1989): Gesellschaftliche Widersprüche und Rassismus. In: Autrata, O.; Kaschuba, G.; Leiprecht, R.; Wolf, C. (Hg.): Theorien über Rassismus. Hamburg: Argument-Verlag, S. 113–134.

Padgett, D. K.; Henwood, B. F.; Tsemberis, S. J. (2016): Housing First. Ending homelessness, transforming systems, and changing lives. New York: Oxford University Press.

Peymann, I. (2017): »Gute« Entscheidungen bei der Unterstützten Entschei-dungsfindung (UEF). In: Kompass, 1, S. 12–15.

Pick, I. (2019): Kommunikation in der rechtlichen Betreuung: Ansatzpunkte für Selbstbestimmung beim unterstützten Entscheiden in der rechtlichen Betreuung. Teil 1. In: Betreuungsrechtliche Praxis, 28, 4, S. 137–140.

Prosetzky, I. (2007): Zwischen Anerkennung und Entwertung. Zur sozialen Konstruktion von Behinderung am Beispiel eines geistig behinderten taubblinden Mannes. Eine Rehistorisierung. Bremen: Meyer Verlag.

Rosa, H. (2018): Resonanz. Eine Soziologie der Weltbeziehung. Berlin: Suhrkamp.

Santos, B. de Sousa (2013): Die Soziologie der Abwesenheit und die Soziologie der Emergenzen: Für eine Ökologie der Wissensformen. In: Jantzen, W.; Lanwer, W. (Hg.): Jahrbuch der Luria-Gesellschaft 2012. Berlin: Lehmanns Media, S. 29–46.

Schanze, C. (2019): Unterstützte Entscheidungsfindung bei Menschen mit kommunikativen Einschränkungen (bei geistiger Behinderung, Mehrfach-behinderung, Autismus-Spektrum-Störung). In: Zinkler, M.; Mahlke, C.; Marschner, R. (Hg.): Selbstbestimmung und Solidarität. Unterstützte Ent-scheidungsfindung in der psychiatrischen Praxis. Köln: Psychiatrie Verlag, S. 46–69.

Schmid, S. (1981): Freiheit heilt. Bericht über die demokratische Psychiatrie in Italien. Berlin: Wagenbach.

Schneider, N. (2022): Therapeutische Wirkung von Musik im Unbewussten. Klänge für die Seele. In: https://www.deutschlandfunk.de/klaenge-fuer-die-seele-ueber-die-therapeutische-wirkung-von-musik-im-unbewussten-dlf-f439a9fe-100.html (20.06.2022).

Schulz-Nieswandt, F. (2021): Der alte Mensch als Verschlusssache. Corona und die Verdichtung der Kasernierung in Pflegeheimen. Bielefeld: transcript Verlag.

Seifert, M. (2010): Kundenstudie. Bedarf an Dienstleistungen zur Unterstützung des Wohnens von Menschen mit Behinderung. Abschlussbericht. Berlin: Rhombos.

Sokrates. Zitiert nach https://www.kalimaquotes.com/de/quotes/6332/der-beginn-der-weisheit (12.11.2022).

Spyridon-Georgios, S.; Kessler-Kakoulidis, L. (2020): Inklusive Kulturschöpfung. Wie Menschen mit und ohne Behinderungen zur Entwicklung unserer Gesellschaft beitragen. Gießen: Psychosozial-Verlag.

Stancliffe, R. J. (1991): Choice making by adults in supported community accommodation: Hobson's choice? In: Interaction, 5, 4, S. 23–33.

Steffens, J. (2019): Rhythmus, Reziprozität und Resonanz. Zeitprozesse und energetische Kopplungen als Kern intersubjektiver Beziehungen. In: Lanwer, W.; Jantzen, W. (Hg.): Jahrbuch der Luria-Gesellschaft 2019. Berlin: Lehmanns Media, S. 31–60.

Steffens, J. (2020): Intersubjektivität, soziale Exklusion und das Problem der Grenze. Zur Dialektik von Individuum und Gesellschaft. Gießen: Psychosozial-Verlag.

Steffens, J. (2022): 100 Jahre Paulo Freire. Zur Aktualität einer Pädagogik der Befreiung als dialogische Praxis. In: Lanwer, W. (Hg.): Jahrbuch der Luria-Gesellschaft 2021. Berlin: Lehmanns Media, S. 61–68.

Steffens, J.; Meyer, D. (2020): Trauma, Verkörperung und Narrativ. Die Rehistorisierung traumatisierender Lebensgeschichten auf individueller und sozialer Ebene. In: Menschen, 43, 1, S. 49–55.

Stein, A.-D. (2022): Entwicklung, Aktualität und Dimensionen des Isolationsbegriffs. In: Lanwer, W. (Hg.): Jahrbuch der Luria-Gesellschaft 2021. Berlin: Lehmanns Media, S. 29–60.

Stoy, T.; Tolle, P. (2020): Motivational Interviewing als Methode unterstützter Entscheidungsfindung. In: Betreuungsrechtliche Praxis, 1, S. 13–17.

Thiersch, H.; Grunwald, K.; Köngeter, S. (2012): Lebensweltorientierte Soziale Arbeit. In: Thole, W. (Hg.): Grundriss Soziale Arbeit. Wiesbaden: Verlag für Sozialwissenschaften, S. 175–195.

Tolle, P. (2016): Pflege als Beziehung und Anerkennung. In: Behinderte Menschen, 39, 6, S. 27–31.

Tolle, P.; Stoy, T. (2020): Unterstützte Entscheidungsfindung im Spiegel von Inklusion und Exklusion: grundsätzliche Überlegungen am Beispiel der rechtlichen Betreuungspraxis. In: Behindertenpädagogik, 3, S. 230–240.

Tolle, P.; Stoy, T. (2021): Vom Prozess zum Konzept Unterstützter Entscheidungsfindung. In: Bundesverband der Berufsbetreuer/innen (Hg.): Reform weiterdenken und Qualität ernst nehmen. Jahrbuch Köln: Balance buch + medien verlag, S. 20–37.

Tolle, P.; Stoy, T. (2022): »Unterstützte Entscheidungsfindung« im Spiegel der Rehistorisierung. In: Behindertenpädagogik, 61, 4, S. 341–357.

Vidal Fernández, F. (2017): Soziale Exklusion, Moderne und Aussöhnung. In: Hofmann, T.; Jantzen, W.; Stinkes, U. (Hg.): Exklusion und Empowerment. Gießen: Psychosozial-Verlag, S. 49–101.

Weber, M. (1980): Wirtschaft und Gesellschaft. Grundriß der verstehenden Soziologie. Tübingen: Mohr Siebeck.

Wißmann, P. (2016): Demenz: Ausschluss aus der inklusiven Gesellschaft? Ein Einspruch von Peter Wißmann. Freiburg i. B.: Lambertus.

Zimpel, A. F. (2009): Isolation. In: Dederich, M.; Jantzen, W. (Hg.): Enzyklopädisches Handbuch der Behindertenpädagogik. Stuttgart: Kohlhammer, S. 188–192.